A Vida Crucificada

A. W. Tozer

A Vida Crucificada

Como viver uma
experiência cristã
mais profunda

Editora Vida
Rua Conde de Sarzedas, 246 — Liberdade
CEP 01512-070 — São Paulo, SP
Tel.: 0 xx 11 2618 7000
atendimento@editoravida.com.br
www.editoravida.com.br

©2011, James L. Snyder
Originalmente publicado nos EUA com o título
The Crucified Life
Copyright da edição brasileira ©2013, Editora Vida
Edição publicada com permissão de Regal Books,
uma divisão de Gospel Light Publications,
Inc. Ventura, CA 93006, EUA.

■

Todos os direitos desta tradução em língua portuguesa reservados por Editora Vida.

PROIBIDA A REPRODUÇÃO POR QUAISQUER MEIOS, SALVO EM BREVES CITAÇÕES, COM INDICAÇÃO DA FONTE.

■

Editor responsável: Gisele Romão da Cruz
Editor-assistente: Aline Lisboa M. Canuto
Tradução: Lucy Yamakami
Revisão de tradução: Andrea Filatro
Revisão de provas: Josemar de Souza Pinto
Diagramação: Claudia Fatel Lino
e Karine P. dos Santos
Capa: Arte Vida

Scripture quotations taken from *Bíblia Sagrada, Nova Versão Internacional, NVI* ®
Copyright © 1993, 2000 by International Bible Society ®.
Used by permission IBS-STL U.S.
All rights reserved worldwide.
Edição publicada por Editora Vida,
salvo indicação em contrário.

Todas as citações bíblicas e de terceiros foram adaptadas segundo o Acordo Ortográfico da Língua Portuguesa, assinado em 1990, em vigor desde janeiro de 2009.

1. edição: abr. 2013
2. edição: jun. 2021
1ª reimp.: jun. 2022

Dados Internacionais de Catalogação na Publicação (CIP)
(Câmara Brasileira do Livro, SP, Brasil)

Tozer, A. W., 1897-1963.
 A vida crucificada : Como viver uma experiência cristã mais profunda —
2. edição / A. W. Tozer ; compilado e editado por James L. Snyder ; tradução
Lucy Yamakami. — São Paulo : Editora Vida, 2021.

 Título original: *The Crucified Life*
 ISBN 978-85-383-0247-6
 e-ISBN 978-65-5584-067-4

 1. Vida cristã — Aliança cristã e missionária I. Snyder, James L.
II. Título.

12-15349   CDD- 248.4

Índices para catálogo sistemático:

1. Vida crucificada : vida cristã   248.4

Sumário

Introdução: Um jeito diferente de viver 7

Parte I: O fundamento da vida crucificada

1. A importância da vida crucificada 17
2. O fundamento da experiência cristã 27
3. A cruz pelo lado da ressurreição 39
4. A solidão da vida crucificada 49

Parte II: A dinâmica da vida crucificada

5. Prosseguindo em direção à terra prometida 67
6. Um descontente com o *status quo* 83
7. Rompendo com a inércia e avançando 99
8. O grande obstáculo à vida crucificada 113

Parte III: Os perigos da vida crucificada

9. O preço da vida crucificada 129
10. Os véus que obscurecem a face de Deus 143
11. A estranha perspicácia do cristão 155
12. Permita que Deus seja Deus 165

Parte IV: As bênçãos da vida crucificada

13. A beleza das contradições 179
14. O refrigério de um avivamento 191
15. As recompensas eternas da vida crucificada 205
16. Guias espirituais para a jornada 217

Conclusão: O propósito do fogo do Ourives
na vida crucificada 227

Introdução

UM JEITO DIFERENTE DE VIVER

Algumas datas são tão cruciais que alteram todo o curso da História. Pena que muitas delas repousam confortavelmente nas sombras da obscuridade. Uma dessas datas na vida de A. W. Tozer me desconcerta.

Conforme se conta, Tozer, pastor na época, visitava uma de suas livrarias favoritas no centro de Chicago. Enquanto vasculhava as prateleiras de livros usados tão familiares para ele, deparou com um livro antigo que nunca vira. Comprou o livro e o levou para casa; e sua vida nunca mais foi a mesma.

O nome do livro era *Conselho espiritual*, e seu autor, François Fénelon, aqueceu-lhe o coração. Ainda que Tozer permitisse a outros tomar emprestados muitos livros de sua biblioteca particular, ele nunca deixou que esse livro saísse de seu domínio até o dia de sua morte. Ele tanto falava sobre o livro que as pessoas começaram a perguntar a respeito. Pelo que sabia, o livro estava esgotado e não havia outros exemplares disponíveis. Um homem ficou tão interessado na obra que, apesar de Tozer não lhe permitir tirá-la de sua biblioteca, autorizou que a consultasse e datilografasse capítulo por capítulo. Essa era a importância que Tozer atribuía ao livro. Para seu grande prazer, o livro foi por fim republicado numa edição atualizada e ampliada, com o título de *Perfeição cristã*.

Quando lemos o livro de Fénelon, logo reconhecemos um pulsar também compartilhado por Tozer. Não há duas pessoas mais parecidas no campo espiritual. De fato, a obra de Fénelon inspirou Tozer de tal maneira que, se você ouvir os sermões dele com atenção, conseguirá captar as palavras de François Fénelon à espreita em muitas ocasiões. Tozer, é claro, estava familiarizado com as obras de outros grandes escritores — A. B. Simpson, John Wesley e Andrew Murray, para citar alguns —, mas alguma coisa em François Fénelon agitava as profundezas de seu coração e sua paixão por Deus.

O livro de Fénelon apresentou a Tozer toda uma linhagem de "místicos" cristãos — uma palavra pouco aceitável nos círculos evangélicos da época de Tozer (e mesmo agora) —, e ele passou a apresentar esses místicos à igreja evangélica daquele período. Tozer estava menos interessado na literatura que na procura de Deus e, se um autor conseguia abrir seu coração para ter mais de Deus, ele estava interessado nessa pessoa. À medida que você ler este livro, descobrirá muitos desses antigos santos de Deus que revolveram a imaginação de Tozer, aparecendo e desaparecendo, e enriquecendo a mensagem que lhe era tão importante.

Na juventude, Tozer era principalmente evangelista. Ainda que também fosse pastor numa igreja local, gastava boa parte do tempo percorrendo os Estados Unidos em conferências de igrejas e em retiros. Sua mensagem na época era evangelística. Entretanto, depois de encontrar François Fénelon, sua mensagem começou a mudar. Quando nos encontramos com Tozer neste livro, vemos um homem inflamado com a mensagem da vida crucificada.

INDRODUÇÃO: UM JEITO DIFERENTE DE VIVER

A VIDA CRUCIFICADA E A PERFEIÇÃO CRISTÃ

O que Tozer, porém, entendia por "vida crucificada"? Este livro inteiro é uma resposta a essa pergunta, mas aqui só podemos dizer que é a vida que Cristo resgatou na cruz, redimiu do julgamento do pecado e tornou um sacrifício digno e aceitável a Deus. Isso representa uma qualidade de vida que está muito acima de qualquer coisa que seja natural. É totalmente espiritual e resultado de uma inspiração dinâmica do alto.

Outro termo que não era comum entre os evangélicos dos dias de Tozer era "perfeição espiritual". A expressão veio de François Fénelon e revela a paixão do coração de Tozer. Tozer foi rápido em indicar que não queria nenhuma relação com algo que não tivesse autoridade bíblica — e também lançou fora tudo o que era extrabíblico. Entretanto, perfeição espiritual foi um termo que Tozer descobriu ser bíblico, como escreve Paulo em Filipenses 3.12: "Não que eu já tenha obtido tudo isso ou tenha sido aperfeiçoado, mas prossigo para alcançá-lo, pois para isso também fui alcançado por Cristo Jesus". Essa deveria ser a grade paixão do coração cristão — prosseguir em direção ao que o apóstolo Paulo denominou "perfeição".

Muitas coisas acerca da vida crucificada interessavam a Tozer. Era uma vida absoluta e irreconciliavelmente incompatível com o mundo. Respirava o ar rarefeito do céu enquanto caminhava sobre a terra. Para o cristão, significava a morte absoluta do ego e o ressurgimento de Cristo em sua vida. Tozer ensinou enfaticamente que Cristo não morreu na cruz só para salvar as pessoas do inferno; antes, morreu na cruz para que todos possam tornar-se um com Cristo. Esse conceito foi tão importante para Tozer pessoalmente que tudo o que ficasse entre ele e aquela unidade com Cristo precisava ser enfrentado com coragem e abolido a qualquer custo.

A mensagem da vida crucificada não era um conceito novo. O próprio Tozer observou que todos os grandes cristãos do passado escreveram de algum modo acerca dessa ideia. Ela era o fator unificador entre uma vasta diversidade de cristãos ao longo dos séculos. O legado dos pais da Igreja, dos reformadores, dos avivalistas, dos místicos cristãos e dos hinistas ressoou sobre essa mesma mensagem. E, ainda que possam discordar em muitos pontos, nessa única área havia entre eles uma unidade sem igual. A ênfase da vida crucificada era prosseguir — sem considerar as dificuldades e apesar do custo — em direção ao estado de perfeição espiritual.

UMA MENSAGEM DIFÍCIL

Tozer confessava com frequência que preferiria simplesmente falar sobre Deus o tempo todo — sobre como Deus é maravilhoso e como é maravilhoso estarmos a caminho do céu, desfrutando das bênçãos do Senhor dia após dia. Ele preferiria pregar sermões positivos desse tipo. Mas o Espírito o instou a explorar as questões mais profundas relacionadas a Deus. A vida cristã era mais que ser simplesmente salvo do passado e dos próprios pecados. Era mais que ter um tempo feliz no caminho para o céu.

Tozer via as igrejas evangélicas e fundamentalistas da época vendendo-se para o mundo, assim como as igrejas liberais haviam feito antes delas; e isso o deixava muito perturbado. Incomodava-o ver aquelas igrejas comprometidas com os valores mundanos e escorregando para o erro sombrio do liberalismo. Ele se atormentava com o fato de as igrejas evangélicas estarem adotando medidas mundanas para aumentarem a audiência e percebia que muitos líderes estavam usando isso para se autopromoverem.

INDRODUÇÃO: UM JEITO DIFERENTE DE VIVER

Era o retrato de uma época do que se pode chamar de "credulidade barata". Simplificando, a ideia era que, se você dissesse que acreditava em Jesus, tudo mais estaria certo. Você não precisa mudar nada, pois Deus o ama exatamente como é. Esse tipo de mensagem deixava o dr. Tozer profundamente indignado. E ele dava o seu melhor quando ficava indignado.

Foi por esse motivo que, durante os últimos anos de sua vida, Tozer pregou e escreveu acerca da importância de viver a vida crucificada. Ele sentia uma urgência espiritual interior de fazer soar a trombeta conclamando a Igreja de volta às raízes da mensagem cristã — a mensagem de "Cristo em vocês, a esperança da glória" (Colossenses 1.27). Várias vezes, disse: "Deus não me chamou para coçar as costas das pessoas", e qualquer um que o ouvisse pregando ou que lesse algum de seus editoriais saberia que isso era bem verdade. Ele não estava interessado em fazer que as pessoas se sentissem bem consigo mesmas; aliás, sua agenda era exatamente oposta. Para Tozer, não havia nada de bom nos seres humanos, nem mesmo nos cristãos — o único bem estava em Cristo.

O alvo de Tozer não era atacar ninguém, mas sempre procurava falar a verdade, conforme a reconhecia, em amor. Como você pode imaginar, isso nem sempre lhe trazia amigos. Certa vez, Tozer disse ao dr. D. Martyn Lloyd-Jones que, pregando, ele se excluíra de todas as conferências bíblicas dos Estados Unidos. Claro que isso era um exagero, porque ele foi requisitado para conferências bíblicas em todo o país até morrer. Mas alguns lugares não o convidaram mais. Sem se importar, ele permanecia firme e intransigente nessa questão por causa daquilo que entendia como a seriedade da condição da igreja evangélica. Ele não se considerava chamado por Deus para

11

alisar plumas desordenadas; pelo contrário, seu chamado era para desordenar as plumas.

O rev. Ray McAfee, pastor assistente do dr. A. W. Tozer por muitos anos, contou-me certa vez a seguinte história: Tozer estava participando de uma convenção de santidade que celebrava seu 50º aniversário. Seria o pregador principal, e havia certo número de preliminares antes que ele subisse ao púlpito. As pessoas festejavam cortando pela metade a gravata dos homens, havia cantos improvisados nos moldes do que poderíamos chamar de *karaokê*, e todos desfrutavam de um bom tempo às antigas, celebrando o aniversário. McAfee via Tozer batendo o pé direito. Quanto mais o tempo passava, mais ele batia o pé direito. McAfee sabia que Tozer estava ficando impaciente.

Quando Tozer subiu ao púlpito, suas primeiras palavras foram: "O que aconteceu com vocês, povo da santidade?". Então os levou ao depósito de lenha espiritual para onde nunca tinham sido levados. Nada era mais sério, para Tozer, que as coisas de Deus. Ele tinha senso de humor, mas não considerava a reunião do povo de Deus uma ocasião fútil e, sim, um tempo de culto e adoração a Deus. Para ele, se fosse preciso oferecer diversão para reunir uma multidão, isso não seria cristão.

O DESAFIO DA VIDA CRUCIFICADA

Este livro é um remédio poderoso para aquilo que Tozer considerava uma doença espiritual grave. Quanto mais grave a condição, mais radical o remédio; e, por esse motivo, Tozer se dispunha a confrontar as pessoas de forma inflexível com a mensagem da vida crucificada.

INDRODUÇÃO: UM JEITO DIFERENTE DE VIVER

Deve-se dizer que essa mensagem não chegou a Tozer sem custo. Muitas vezes seus amigos e sua família não o compreenderam. Certa vez ele escreveu um editorial intitulado: "Os santos andam sós", com base na própria experiência. É fácil seguir a multidão, mas aquele que se dedica a viver a vida crucificada sempre será duramente atingido pelos ventos da oposição e dos mal-entendidos.

Assim, viver a vida crucificada não é uma proposição simples — aliás, você jamais enfrentará desafio maior. O preço certamente é alto. A trilha é difícil. O caminho é, com frequência, solitário. Mas as recompensas de conhecer Deus numa comunhão íntima compensarão a jornada.

Rev. James L. Snyder

PARTE I

· · · · · · ·

O FUNDAMENTO DA VIDA CRUCIFICADA

1

A IMPORTÂNCIA DA VIDA CRUCIFICADA

Pois sabemos que o nosso velho homem foi crucificado com ele,
para que o corpo do pecado seja destruído, e não mais sejamos
escravos do pecado.

Romanos 6.6

Nada pesa mais em meu coração que o tema deste estudo. Se não houvesse um ensino bíblico tão crucial, seria possível ignorar as controvérsias e seguir outro rumo. Entretanto, esse não é o caso. O tema da vida crucificada é vitalmente importante para a saúde e o crescimento da igreja.

A igreja não é algo abstrato e impessoal flutuando no espaço. Pelo contrário, é composta por indivíduos que confiaram em Jesus Cristo como seu Senhor e Salvador. A saúde da igreja é diretamente proporcional à saúde de cada indivíduo cristão. Para a igreja crescer e ser saudável, os indivíduos cristãos que formam a igreja precisam crescer espiritualmente. Só uma igreja dinamicamente saudável pode ter a esperança de cumprir a comissão de Cristo de ir pelo mundo todo e pregar o evangelho a todas as pessoas (cf. Marcos 16.15).

É preciso entender uma coisa importante. Nem todos os cristãos são iguais. Jesus disse em Mateus 13.23:

"E quanto à semente que caiu em boa terra, esse é o caso daquele que ouve a palavra e a entende, e dá uma colheita de cem, sessenta e trinta por um".

Entre nós, muitos estão satisfeitos em serem cristãos de índice trinta. Mas o desejo de nosso Senhor é que haja esforço para nos tornarmos cristãos de índice cem. A pergunta, portanto, é: Como avançaremos para esse estágio?

Esse é o foco deste livro. Penso que a minha tarefa é instigar os cristãos de índice trinta e sessenta a prosseguirem até a máxima experiência cristã: serem cristãos de índice cem. O caminho para isso é viver a vida crucificada. Não seria incorreto dizer que a maior parte da literatura cristã de hoje tem em vista os cristãos de índice trinta. Alguns podem arriscar-se, dirigindo-se aos cristãos de índice sessenta, mas é seguro dizer que poucos se concentram nos cristãos de índice cem. Este livro é dedicado exatamente a isso. Simplesmente o chamo de *A vida crucificada*.

Nesse caso, tenho a incumbência de definir alguns elementos que usarei ao longo de todo o estudo. Se eu usar um termo e o leitor o compreender de um modo diferente daquele que eu o estiver usando, rompe-se a comunicação. Assim, permita-me definir alguns dos conceitos básicos que serão desenvolvidos em todo este estudo.

A VIDA CRUCIFICADA

Primeiro preciso estabelecer o que quero dizer quando uso o termo "a vida crucificada". Uma variedade de expressões tem sido empregada desde os dias apostólicos para definir o assunto — como "a vida mais profunda", "a vida superior", "a vida inteiramente santificada", "a vida cheia do espírito", "a vida cristã vitoriosa", "a vida transformada". Mas, depois de examinar parte da literatura produzida sobre o assunto, nada me parece mais profundo, elevado, santo ou mais cheio do Espírito que o cristianismo comum. Para alguns, a expressão parece uma simples frase de efeito.

Inconsistência estranha

O que entendo por "vida crucificada" é uma vida inteiramente entregue ao Senhor, em absoluta humildade e obediência: um sacrifício agradável ao Senhor. A palavra "crucificada" leva-nos de volta ao que Cristo fez na cruz. O versículo-chave para isso é Gálatas 2.20:

> Fui crucificado com Cristo. Assim, já não eu quem vive, mas Cristo vive em mim. A vida que agora vivo no corpo, vivo-a na fé no filho de Deus, que me amou e se entregou por mim.

Do ponto de vista natural, a vida crucificada é carregada de contradições. A maior contradição, claro, é o termo em si: "vida crucificada". Se uma vida estiver realmente crucificada, estará morta, não viva. Mas como uma pessoa pode estar morta e viva ao mesmo tempo? Estar morto, mas ainda vivo, é uma das inconsistências estranhas da vida estabelecida para nós pela morte de Jesus na cruz. Mas, ah, como são benditas essas inconsistências aparentes!

Prova bíblica

Este estudo não defende nenhum tipo de experiência cristã que não esteja estritamente baseada nos ensinos claros da Escritura. Tudo o que é ensinado neste estudo deve enquadrar-se

A Vida Crucificada

na Palavra de Deus inteira. Qualquer um consegue provar qualquer coisa juntando textos isolados. Qual é o ensino da Palavra de Deus toda? Essa é a questão que precisa ser considerada. Muito do cristianismo contemporâneo é formado de empréstimos das filosofias do mundo e até de outras religiões — frases e lemas que à primeira vista parecem magníficos, mas não têm raízes nas Escrituras ou principalmente reforçam a autoimagem de alguém.

Qualquer que seja o ensino ou o professor, precisamos exigir rigorosamente provas bíblicas. Se não for possível apresentar essas provas, o ensino deve ser rejeitado, de imediato. Isso pode soar legalista, mas é um dos absolutos que faz parte da experiência cristã. O cristão vive e morre pelo Livro.

Não estou defendendo neste estudo nada que não possa ser provado pelas Escrituras, e não estou referindo-me a só um versículo aqui e ali, mas a todo o conselho de Deus. Cremos na Bíblia inteira, não em trechos e partes. A Bíblia toda sustenta a ideia de progredir rumo à perfeição espiritual na vida cristã. A perfeição espiritual é o que o apóstolo Paulo desejava e anunciava:

> Não que eu já tenha obtido tudo isso ou tenha sido aperfeiçoado, mas prossigo para alcançá-lo, pois para isso também fui alcançado por Cristo Jesus (Filipenses 3.12).

A vida crucificada é uma vida absolutamente dedicada a seguir Cristo Jesus. A ser mais parecido com ele. A pensar como ele. A agir como ele. A amar como ele. Toda essência da perfeição espiritual está inteiramente relacionada a Jesus Cristo. Não a regras e regulamentos. Não ao que vestimos ou ao que fazemos ou deixamos de fazer. Não devemos parecer iguais uns aos outros; devemos parecer com Cristo. Todos nós podemos perder-nos nos detalhes da religião e ignorar a alegria gloriosa de seguir Cristo. Qualquer coisa que nos atrapalhe na nossa jornada deve ser tratada com um golpe mortal.

OS MÍSTICOS CRISTÃOS

Ao longo de todo este estudo, haverá citações de alguns dos grandes místicos cristãos, remontando até os dias dos apóstolos. É importante definir o que entendo por "místico". Esse termo tem sido muito mal empregado e compreendido. Talvez fosse bom adotar outro termo, mas sempre que algo recebe outro nome perde um pouco de seu sentido original. Assim, sem nenhum remorso ou hesitação, vou manter-me fiel a esse velho nome.

Descobri em todo o meu estudo que esses antigos santos de Deus, "os místicos", realmente o conheciam. "Místico", portanto, refere-se a alguém que mantém um relacionamento íntimo e direto com Deus. Em minha procura de Deus, quero saber o que eles conheciam acerca do Senhor e como vieram a conhecê-lo em bases tão íntimas. (Isso não significa que concordo com tudo o que escreveram, da mesma forma que não concordaria com tudo o que qualquer outra pessoa viesse a escrever.)

Lá na fazenda, na Pensilvânia, tínhamos uma velha macieira. Era uma árvore torta, de aspecto desolador. Se a visse com displicência, a pessoa seria tentada a desconsiderá-la. Entretanto, apesar do aspecto terrível, a árvore produzia algumas das maçãs mais deliciosas que já comi. Eu tolerava os galhos retorcidos para me deliciar com as frutas.

Sinto o mesmo em relação a alguns desses grandes antigos místicos da Igreja. Eles podem parecer retorcidos e austeros, mas produziram frutos espirituais maravilhosos. O fruto é o que realmente importa, não sua aparência. Não importa se um homem veste uma túnica ou um terno; o homem é o que realmente conta. Tenho disposição para desconsiderar muita coisa se o autor conhece Deus de maneira genuína e "não de ouvir falar", conforme costumava dizer Thomas Carlyle. Muitíssimos só repetem o que ouviram de alguém que ouviu de outro alguém. É restaurador ouvir uma voz original. Cada um desses místicos tinha essa voz original.

A Igreja sempre teve esse grupo de pessoas — homens e mulheres — que tinham tamanha sede de Deus e tal paixão para conhecê-lo que tudo o mais ficava em segundo plano. Muitos deles foram perseguidos e atormentados pela igreja estabelecida. Alguns foram até martirizados por causa dessa incontrolável paixão por Deus. Muitos viveram antes da Reforma e não tinham ideia do que significava ser um protestante ou mesmo um evangélico. Geralmente, eles não estavam interessados em rótulos. Só estavam interessados em buscar Deus.

Esses homens e mulheres não eram protestantes, católicos, fundamentalistas ou evangélicos; eram simplesmente cristãos em fervorosa busca por Deus. Não agitavam bandeiras, exceto Javé-Nissi. Não tinham uma honra a preservar à parte de Jesus Cristo. Testificavam de uma vida inflamada de amor e adoração a Deus que nada pode extinguir. Nem todos os anos pós a morte deles foram capazes de apagar seu amor fervoroso a Deus.

Felizmente para nós, parte da grande literatura devocional da Igreja pela qual esses homens e mulheres deram a vida para escrever foi preservada. Ao ler essas grandes obras, somos retirados do nosso tempo e transportados para a maravilhosa mística da busca por Deus. É como se o tempo não tivesse passado entre o autor e o leitor. É difícil ler durante muito tempo esse material e não sentir a paixão pulsante do autor. Isso, na minha opinião, é o que está faltando entre os cristãos hoje, especialmente na igreja evangélica.

Pegue qualquer hinário, especialmente um antigo, e você encontrará muitos hinos dos grandes místicos cristãos. O empenho deles à procura de Deus só se comparava a seu desejo de partilhar o objeto de seu amor com todos quantos quisessem ouvir. Quem sabe uma de suas citações ao longo deste estudo acenda um fogo em seu coração.

O HINÁRIO CRISTÃO

A última coisa que desejo definir é o "hinário cristão". O meu coração sofre quando o vê cada vez mais negligenciado pelas congregações. O hinário cristão é um dos maiores depositários da vida e da experiência cristã. Os homens e as mulheres por trás desses hinos escreveram com base em experiências espirituais profundas. A poética de alguns hinos pode não ser perfeita. Aliás, alguns podem ser bem difíceis de cantar. Mas deixar de lado o hinário é renunciar a um dos maiores tesouros da Igreja. O hinário nos liga à nossa herança cristã, um legado que não deve ser negado a esta geração de cristãos. Se queremos avançar para nos tornar cristãos de índice cem, para alcançar a perfeição cristã e a vida crucificada, precisamos dessa ligação vital com a igreja histórica.

Se você mostrar a condição da sua Bíblia e do seu hinário, poderei predizer corretamente a condição da sua alma. A alma precisa ser nutrida e cultivada, e nada é melhor para isso que o hinário cristão. Não consigo imaginar um cristão que não investe um tempo de qualidade no hinário. Dificilmente deixo passar uma manhã sem que me ajoelhe com a Bíblia aberta e um hinário, cantando confortavelmente, e fora do tom, os grandes hinos da Igreja.

Com frequência aconselho jovens cristãos, depois de terem a própria Bíblia e se disciplinarem na leitura bíblica, a obter um hinário. Se um jovem cristão gastar um ano lendo os hinos de Isaac Watts e neles meditando, terá uma formação acadêmica melhor que quatro anos no instituto bíblico e quatro anos no seminário. Isaac Watts e outros como ele conseguiram incutir a teologia em seus hinos. Esses autores de hinos — tanto homens como mulheres — estabeleceram a teologia cantada da geração deles. E a teologia do coração brota em adoração e louvor melodiosos.

À PROCURA DA VIDA CRUCIFICADA

Viver a vida crucificada não é uma jornada para os fracos de coração. A jornada é dura e repleta de perigos e dificuldades, e não termina até vermos Cristo. Mas, ainda que a jornada possa ser difícil, o resultado de ver Cristo face a face compensa tudo.

Face a face
Carrie E. Breck (1855-1934)

Face a face com Cristo, meu Salvador,
Face a face — como será
Quando em êxtase contemplá-lo,
Jesus Cristo, que por mim morreu?

A IMPORTÂNCIA DA VIDA CRUCIFICADA

Face a face irei contemplá-lo.
Muito além do céu estrelado;
Face a face em toda a sua glória,
Logo, logo o verei!

Vejo-o agora indistinto,
Através de um véu escuro;
Mas vem um bendito dia,
Em que sua glória será vista.

Que alegria em sua presença,
Quando forem banidos a dor e o pesar;
Quando os caminhos tortuosos forem retificados,
E as coisas obscuras, esclarecidas!

Face a face! Ah, momento bendito!
Face a face para ver e conhecer;
Face a face com meu Redentor,
Jesus Cristo, que tanto me ama.

2

O FUNDAMENTO DA EXPERIÊNCIA CRISTÃ

Há muito tempo Deus falou muitas vezes e de várias maneiras
aos nossos antepassados por meio dos profetas, mas nestes últimos dias
falou-nos por meio do Filho, a quem constituiu herdeiro de todas as coisas
e por meio de quem fez o universo.

HEBREUS 1.1,2

Um velho provérbio chinês diz que a jornada de mil milhas começa com o primeiro passo. Se esse primeiro passo não é dado, realmente nada mais importa. Se você não está na jornada, não importa falar sobre ela. Muitos cristãos falam sobre viver a vida crucificada, mas nada em sua vida indica que algum dia eles iniciaram a jornada.

Entre os cristãos de índice trinta, há muita alegria por terem sido salvos, mas nenhuma expectativa de continuarem na jornada rumo à perfeição espiritual. Eles ficam tão felizes por não serem como eram que não conseguem ver o que Deus deseja que sejam.

O cristianismo tem um lado glorioso e vitorioso que poucos cristãos experimentam. Se tenho alguma coisa a dizer à igreja de Cristo e para os evangélicos no mundo, é nessa área da vida cristã vitoriosa, neste viver a vida crucificada.

A nossa fraqueza é que não prosseguimos para conhecer Cristo em intimidade e familiaridade enriquecidas; e, pior, nem estamos falando sobre fazer isso. Raramente ouvimos a seu respeito, e esse tema não entra nas nossas revistas, nos nossos livros ou em qualquer tipo de ministério midiático, e também não se encontra nas nossas igrejas. Estou falando desse anseio, desse desejo ardente de conhecer Deus em medida crescente. Esse anseio deveria empurrar-nos adiante, em direção à perfeição espiritual.

Creio que dois motivos básicos explicam isso. Um está relacionado ao ensino da Bíblia sobre a experiência cristã mais profunda: a maioria das igrejas nunca passa do ensino básico de como tornar-se cristão. Mesmo aí, o ensino é bem diluído e em geral concentra-se no fato de que um dia morreremos e iremos para o céu. O outro motivo está ligado ao custo. Muitos não se dispõem a pagar o preço associado à vida cristã vitoriosa. Erroneamente, aprendem e creem que a vida cristã é uma viagem gratuita que por fim acaba no céu. Afinal, Jesus pagou o preço integralmente.

Ao longo de todo este estudo, quero tratar desses dois fatores.

O QUE É SER CRISTÃO?

O primeiro fator a tratar é simplesmente: O que é ser cristão?

Todos os tipos de definições vagam em torno do conceito, mas só as que têm raízes nas Escrituras são válidas. Quantos pensam que são cristãos porque alguém lhes disse que são? Imagine seguir pela vida acreditando que você é cristão porque alguém lhe disse que você era; então, você morre e descobre que não era.

De modo bem simplificado, o cristão é aquele que mantém um relacionamento correto com Jesus Cristo. O cristão desfruta

O FUNDAMENTO DA EXPERIÊNCIA CRISTÃ

de um tipo de união com Jesus Cristo que supera todos os outros relacionamentos.

Esta é a geração das perguntas. Todos parecem ter as próprias perguntas. As perguntas são importantes, porém é mais importante fazer as perguntas certas. Um advogado bem-sucedido ganha ou perde a causa simplesmente pelas perguntas que faz ou deixa de fazer. As perguntas não têm fim, e podemos ficar atolados tentando responder a cada mínima pergunta. Encontrar a saída do labirinto de perguntas hoje é uma rota quase impossível.

Creio que tudo isso pode ser reduzido a uma única pergunta importante que, respondida corretamente, responderá a todas as outras perguntas e as tornará irrelevantes.

A pergunta importante

Nunca foi intenção de Pedro falar a respeito do exemplo heroico do nosso Senhor. Os ensinos de Cristo eram nobres, e vale imitar seu exemplo. O Novo Testamento concentra a ênfase em Cristo crucificado e ressuscitado e o apresenta como último objeto de fé alternativo. A pergunta importante, portanto, é não apenas "O que é ser cristão?", mas "O que você pensa de Cristo?".

A igreja evangélica de hoje é alvoroçada por perguntas. Uma pessoa pode gastar todo o seu tempo tentando responder a elas. "O que você pensa da Bíblia?" "O que você pensa da igreja?" E há outras que poderíamos anotar, mas todas elas estão ultrapassadas.

Por exemplo, a pergunta "O que você pensa da Bíblia?" é ultrapassada e não faz sentido porque a Bíblia foi confirmada pela ressurreição de Jesus Cristo. Jesus Cristo endossou a Bíblia por inteiro.

A pergunta "O que você pensa da igreja?" também não faz sentido. Ninguém consegue perguntar isso e ser realmente sincero a respeito porque Cristo disse: "Sobre esta pedra edificarei a minha igreja, e as portas do Hades não poderão vencê-la" (Mateus 16.18).

Essas perguntas, e muitas outras semelhantes, são inadequadas. Assim, a pergunta diante de nós, e a pergunta que realmente importa, é simplesmente: O que você pensa de Cristo? E o que você fará com Cristo? Cada pergunta que porventura venhamos a propor reduz-se à questão de Jesus Cristo.

Todos precisamos responder a essa pergunta quanto ao que faremos acerca desse homem que Deus ressuscitou dentre os mortos. Cristo é a última palavra de Deus à humanidade. Está escrito:

> Há muito tempo Deus falou muitas vezes e de várias maneiras aos nossos antepassados por meio dos profetas, mas nestes últimos dias falou-nos por meio do Filho, a quem constituiu herdeiro de todas as coisas e por meio de quem fez o universo (Hebreus 1.1,2).

Também está escrito: "Aquele que é a Palavra tornou-se carne e viveu entre nós" (João 1.14). Quando a Palavra se tornou carne, Deus falou. Ele falou sua Palavra em carne, e o Cristo encarnado é essa Palavra. Isso resume tudo o que Deus um dia diria aos homens. Nenhum desenvolvimento na psicologia humana requer que Deus corrija ou edite o que ele já disse em Jesus Cristo.

A nossa pergunta, pois, é acerca do próprio Cristo; e todas as outras questões religiosas se reduzem a: "O que você pensa de Cristo e o que você fará com ele?". A menos que isso seja plenamente respondido, nada mais importa de fato.

O FUNDAMENTO DA EXPERIÊNCIA CRISTÃ

Alguns alegam ter problemas com isso. Na realidade, estão apaixonados por si mesmos e cegos pelo egoísmo e amor-próprio. Respeitosamente, reclamo o direito de duvidar da sanidade dos que agora dizem: "Tenho problemas com a Bíblia. Tenho problemas com a igreja. Tenho problemas com a moralidade". Todos esses problemas reduzem-se a um. Deus falou sua Palavra eterna em Cristo Jesus, o Senhor; assim, Cristo resolveu cada questão.

A pergunta dos que honestamente buscam provas do cristianismo é falsa. Deus ressuscitando seu Filho dentre os mortos é a única prova, e essa prova é infinitamente capaz de aquietar a mente de qualquer um interessado e sincero. Assim, a pergunta não é se existem provas do cristianismo; porque não estamos tratando do cristianismo. Estamos tratando de Cristo. Estamos tratando de um homem que se tornou carne, andou entre os homens, deu sua vida pelo homem e, para completar, ressuscitou dentre os mortos no terceiro dia. A pergunta não é o que você pensa do cristianismo, mas o que você pensa de Cristo e o que fará com ele.

O homem sincero também não pergunta: "Quem é Cristo e o que ele diz ser?". Alguns afirmam terem dúvidas e questionam se Cristo é quem e aquilo que ele afirmou acerca de si mesmo. Aqui não deve haver dúvida nenhuma, porque as Escrituras afirmam que Jesus foi aprovado por Deus entre os homens (v. Atos 2.22). Grandes volumes de livros, que preencheriam qualquer edifício do subsolo ao sótão, foram escritos tentando mostrar que Jesus é o que ele afirmava ser. O coração do adorador sabe que ele é o que afirmava ser, porque Deus enviou o Espírito Santo para trazer a confirmação à consciência humana. Isso não diz respeito a provas. A História não pode

A Vida Crucificada

oferecer provas melhores que o fato de Deus ter ressuscitado Cristo e o colocado à sua direita.

Os ensinos morais de Jesus

A pergunta do homem sincero não é "Como comparar os ensinos de Jesus com os dos filósofos morais e das religiões do mundo?". Alguns apresentam essa questão com um ar de pretensa autoimportância. Essa pergunta está resolvida para sempre porque os ensinos morais de Jesus permanecem ou caem com ele. Se alguém discordar de Cristo, está liquidado no que diz respeito a ser cristão. Ninguém pode discordar do Senhor; ninguém pode questionar a verdade do Verdadeiro; ninguém ousa levantar a questão de Jesus ser ou não o Senhor, ou de seus ensinos serem ou não sadios, ou de ele ser ou não aprovado por Deus. Seus ensinos morais permanecem ou caem com ele. O próprio Jesus Cristo, nosso Senhor, é o objeto da nossa atenção, não os ensinos dele.

Os ensinos de Jesus nos são caros e por meio deles podemos guardar seus mandamentos e provar que o amamos. É a pessoa de Jesus que torna válidos seus ensinos. Deus colocou a prova num nível espiritual. Ela não repousa na razão, mas na consciência. Se a ressurreição de Cristo repousasse na razão, só as pessoas altamente racionais poderiam ser convertidas. Se a ressurreição de Cristo repousasse na capacidade humana de juntar e pesar provas, só o homem treinado para juntar e avaliar provas poderia crer, mas o ingênuo jamais poderia crer. O homem que trabalha com as mãos e não tem muitos pensamentos profundos continuaria inconverso. Com Cristo foi exatamente o contrário. As pessoas comuns o ouviam com satisfação.

Um coração aflito

O apelo de Jesus Cristo sempre foi ao homem simples perturbado em sua consciência. Ele trazia uma consciência pesada e lacerada a Cristo. A consciência sabia que Cristo havia ressuscitado e aparecido a Pedro e a 500 irmãos de uma só vez, e que Deus o havia aprovado, confirmado, validado, marcado, selado e provado como seu Cristo.

Todos os tipos de pessoas se convertem, não por terem a habilidade de pesar provas. Se a salvação dependesse da minha capacidade de saber se algo é verdadeiro ou não, ou da minha capacidade de saber, como uma corte legal, se algo testifica ou não a verdade, então, claro, só advogados e pessoas treinadas na área jurídica teriam alguma possibilidade de salvação. Mas essa verdade de Cristo ressuscitando dentre os mortos sobrepuja todo raciocínio humano, eleva-se acima dele e segue direto para a consciência de cada pessoa, de modo que, assim que uma mensagem é pregada, todos podem saber de imediato. Eles não precisam perguntar. Aliás, é uma afronta perguntar. Jesus Cristo ressuscitou e apareceu aos discípulos. Deus confirmou sua ressurreição, enviou o Espírito Santo e agora o próprio Deus Altíssimo, criador do céu e da terra, já anunciou o veredito. Deus enviou seu Espírito para trazer o veredito à consciência do homem.

De acordo com o testemunho em Atos 2.37, o resultado da pregação de Pedro foi que os homens "compungiram-se em seu coração" (*Almeida Revista e Corrigida*). A palavra "compungir" aqui significa simplesmente "levemente perfurado". Levemente perfurado, mas também tão fundo que a palavra grega original trazia um prefixo restritivo e intensivo. Quando as Escrituras dizem que perfuraram o lado de Jesus com a lança e descobriram

A Vida Crucificada

que ele já estava morto (v. João 19.34), o termo "perfurar" é traduzido de uma única palavra. A palavra original empregada em Atos traz um prefixo restritivo e intensivo, indicando que as palavras de Pedro entraram mais fundo no coração dos ouvintes que a lança do soldado no lado de Jesus. Assim, o Espírito Santo levou a ponta da lança da verdade ao coração das pessoas, e elas clamaram: "Que faremos?" (Atos 2.37). Pedro teve uma resposta imediata para eles (v. 38):

> "Arrependam-se, e cada um de vocês seja batizado em nome de Jesus Cristo, para perdão dos seus pecados, e receberão o dom do Espírito Santo".

Pedro estava dizendo: "Vocês devem crer no Senhor Jesus Cristo e depois provar que creram identificando-se com ele no batismo. Vocês devem identificar-se com ele no batismo e mostrar para o mundo que creem nesse Único que foi ressuscitado dentre os mortos". As pessoas receberam sua palavra com alegria e foram batizadas; e naquele mesmo dia cerca de 3 mil foram acrescidos à igreja (v. Atos 2.41). Fatos e razão não conseguem esse efeito. Eu poderia discutir com alguém, argumentar com ele, pregar para ele e, se fosse capaz de fazê-lo com a oratória de Cícero ou Demóstenes, quando terminasse tudo, só poderia convencer a mente dele.

A nossa consciência pode ser despertada pela presença de Jesus que saiu do túmulo. Alguns foram levados a acreditar que foi a vida de Jesus que nos salvou. Não, ele teve de morrer. Alguns dizem que na morte de Jesus fomos salvos. Não, ele precisava ressuscitar. Todos os três atos precisavam estar presentes antes que pudéssemos realmente dizer que temos um Salvador em quem confiamos. Ele precisou viver entre os homens, santo e inocente, sem manchas nem defeitos. Teve de morrer pelos homens e depois ressuscitar no terceiro dia, de acordo com as Escrituras. Ele realizou os três. O que o Espírito de Deus leva ao coração, o Espírito Santo crava na nossa consciência, e não conseguimos fugir até fazermos alguma coisa a respeito de Jesus.

QUAL É O PREÇO?

O segundo fator a tratar é o preço da vida crucificada. Sim, Jesus pagou pela nossa salvação, mas ainda há um preço que cada um deve pagar. A vida cristã não é uma viagem grátis.

O "fazer" como condição

Que faremos? Pedro nunca teve medo da palavra "fazer". Alguns nos círculos evangélicos a temem. Simplesmente inferem que é uma palavra inadequada. Mas Pedro não a temia, porque não se trata do "fazer" do mérito — é o "fazer" da condição. O que devo fazer para que possa receber os benefícios do Senhor Jesus Cristo na minha vida? Pedro disse: "Creia no Senhor Jesus Cristo e identifique-se com ele pelo batismo".

Isso é o que devemos fazer. Esse é o significado da Páscoa, e dele você não consegue fugir. Podemos simplesmente celebrá-la uma vez por ano, mas ela nos ronda o ano inteiro; e, se na providência de Deus você vier a morrer este ano, ela vai rondá-lo até a sepultura e por toda a eternidade. Pois Deus deu seu Filho, Jesus Cristo, ao mundo e disse: "Creiam no meu Filho":

> "[...] para que todo o que nele crer não pereça [...] mas quem não crê já está condenado, por não crer no nome do Filho Unigênito de Deus" (João 3.16-18).

A VIDA CRUCIFICADA

Esse é o "fazer" da condição. Se Cristo está vivo, você precisa *fazer* algo em relação a ele. Se Cristo está vivo, ele ficará em sua consciência até que você faça algo a respeito. E a prova de que ele está vivo é a descida do Espírito Santo para levar as provas diretamente à consciência do homem.

Uma consciência cravada

Graças a Deus, Cristo vive. Graças a Deus, a luta acabou. Graças a Deus, a batalha foi ganha e a vitória da vida é nossa. No entanto, até você fazer algo, isso permanece na sua consciência e ali permanecerá até se passarem os séculos. Ele está na consciência de milhões que nada fazem a respeito e tentam viver uma vida crucificada sem encará-la.

Os outros podem tentar, mas eu não consigo. Cristo morreu por mim. Ele levou os meus pecados. Deus o ressuscitou dentre os mortos e enviou o Espírito Santo para dizer: "Este é o meu Filho [...] Ouçam-no!" (Mateus 17.5).

Assim, preciso escutar, ouvir, identificar, admitir, seguir, devotar-me, dedicar-me. Preciso seguir o Cordeiro por onde ele for. Ele fica na minha consciência até eu fazer alguma coisa. A minha consciência está cravada no fato de que ele se levantou em triunfo na ressurreição e na confirmação da graça salvadora para toda a raça humana.

O cristianismo repousa sobre um fundamento: Jesus Cristo. Antes que alguém possa compreender a profundidade da experiência cristã e a dinâmica da vida crucificada, é preciso estabelecer esse fundamento. Nenhum prédio pode exceder a capacidade de seus alicerces. Quanto mais importante o prédio, mais importantes seus fundamentos.

A pergunta correta a fazer é simplesmente: "Quem é Jesus Cristo?". E logo depois: "O que farei com ele?".

O FUNDAMENTO DA EXPERIÊNCIA CRISTÃ

Que farás com Jesus?
A. B. Simpson (1843-1919)

Jesus está em pé no salão de Pilatos,
Sem amigos, abandonado, traído por todos;
Ouçam! O que significava o súbito chamado?
Que farás com Jesus?

Que farás com Jesus?
Neutro não podes ser;
Um dia teu coração perguntará:
"Que fará Ele comigo?".

Jesus está em pé quieto, sendo julgado,
Podes ser falso com ele, se quiseres,
Podes ser fiel para o bem e para o mal:
Que farás com Jesus?

Vais evitá-lo como Pilatos?
Ou vais escolhê-lo, haja o que houver?
É em vão que te esforças para dele esconder-te:
Que farás com Jesus?

Irás, como Pedro, teu Senhor negar?
Ou desdenharás fugir de seus inimigos,
Com a ousadia de por Jesus viver ou morrer?
Que farás com Jesus?

"Jesus, hoje te dou meu coração!
Jesus, te seguirei por onde fores,
Grato te obedecerei!", dirás:
"Isso farei com Jesus!".

3

A CRUZ PELO LADO
DA RESSURREIÇÃO

Portanto, já que vocês ressuscitaram com Cristo, procurem as coisas
que são do alto, onde Cristo está assentado à direita de Deus. Mantenham
o pensamento nas coisas do alto, e não nas coisas terrenas. Pois vocês
morreram, e agora a sua vida está escondida com Cristo em Deus.

COLOSSENSES 3.1-3

O ponto de partida da nossa jornada é conhecer quem realmente é Jesus Cristo. É nesse ponto que estabelecemos a nossa fé como fundamento para a Jerusalém celestial. Nosso alvo maior é ver Cristo face a face. Assim como em todos os outros tipos de jornada, a jornada da vida crucificada possui muitos obstáculos. Se nos apoiarmos na nossa própria força, falharemos. Entretanto, há em Jesus Cristo a força que faz que a jornada cristã seja bem-sucedida.

O sucesso na vida cristã não é automático. A alma precisa ser cultivada como um jardim, e a vontade precisa ser santificada e feita cada vez mais cristã. Os tesouros celestiais precisam ser buscados, e nós precisamos buscar as coisas do alto e mortificar as coisas de baixo. Isso talvez não esteja escrito nos anais das igrejas evangélicas modernas, mas *está* escrito no Novo Testamento.

São muitos os que, satisfeitos com a situação, nunca se empenham em serem cristãos de índice cem. Satisfeitos em apenas

A Vida Crucificada

"ser", muitos não chegam ao "fazer". O nosso objetivo é concluir a corrida. Muitos iniciam, mas poucos cruzam a linha de chegada. Qual o segredo para avançar? Onde encontrar a força para suportar a corrida até o fim?

A RAZÃO DE TUDO

O triunfo de Cristo sobre a morte, o fundamento e a fonte da nossa fé, significava tudo para os primeiros cristãos enlevados. A ressurreição de Cristo foi primeiro uma coisa admirável, depois se tornou um milagre feliz e então uma convicção radiante sustentada por muitas provas infalíveis, testemunhada pelo Espírito Santo. Isso para os primeiros cristãos tornou-se a razão de tudo.

O grito de guerra daqueles primeiros cristãos era "Ele ressuscitou", e esse grito se tornou para eles coragem absoluta. Nos primeiros duzentos anos, centenas de milhares de cristãos morreram como mártires. Para aqueles primeiros cristãos, a Páscoa não era um feriado, nem mesmo um dia santo. Não era apenas uma data comemorativa. Era um fato consumado que vivia com eles o ano inteiro e se tornara a razão para sua conduta diária. "Ele vive", diziam, "e nós vivemos. Ele triunfou, e nele triunfamos. Ele está conosco e nos conduz, e nós o seguimos".

Eles se voltaram para uma vida totalmente nova porque Cristo havia ressuscitado. Não celebravam a ressurreição de Cristo dentre os mortos e então voltavam para a vida cotidiana, esperando outro ano para se comprometerem novamente. *Viviam* pelo fato de Cristo ter ressuscitado dentre os mortos e de eles terem sido ressuscitados com ele.

"Portanto, já que vocês ressuscitaram com Cristo..." Não se trata de uma incerteza. O sentido é "vocês já foram ressuscitados com Cristo". Paulo declarou em Romanos 6.4, Efésios 2.6,7 e outros trechos que, quando Cristo ressuscitou dentre os mortos, seu povo ressuscitou com ele. A mortalidade ressuscitou com ele. A espiritualidade ressuscitou com ele. E essa ressurreição era e é um fato consumado.

OS TESOUROS DO CÉU

O que Paulo quer dizer quando fala das "coisas que são do alto"? Não aponta para alguma generalização abrangente, como pode parecer a princípio. Essas coisas podem ser identificadas. Podemos traçar uma linha no meio de uma página e posicionar no lado esquerdo as coisas que são da terra e, no lado direito, as coisas que são do céu. As coisas terrenas pertencem à visão, à razão e aos sentidos. As coisas celestiais pertencem à fé, ao crédito e à confiança em Deus.

Do lado esquerdo, posicionamos os prazeres da terra e, no lado direito, o prazer no Senhor. À esquerda, posicionamos os tesouros da terra; à direita, os tesouros nos céus, "onde a traça e a ferrugem não destroem, e onde os ladrões não arrombam nem furtam" (Mateus 6.20). À esquerda, posicionamos a reputação entre os homens e o nosso desejo de agradá-los; à direita, o nosso desejo de agradar a Deus. À esquerda, posicionamos uma rica moradia; à direita, a mansão lá em cima. À esquerda, posicionamos o desejo de andar com a melhor companhia aqui na terra; à direita, o desejo de andar com Deus aqui na terra. À esquerda, posicionamos a filosofia humana; à direita, as revelações de Deus. À esquerda, cultivar a carne; à direita, viver para o Espírito. À esquerda, viver por um tempo; à direita, viver por toda a eternidade.

A Vida Crucificada

Em contraste, vemos quão diferentes somos como cristãos. Somos muito diferentes do mundo, completamente diferentes. Passe os olhos pelo lado esquerdo, e você terá a visão, a razão e os sentidos; eles lhe dão os prazeres terrenos que o fazem desejar os tesouros terrenos. Eles querem que você busque uma boa reputação entre os homens e uma rica morada aqui. Eles o fazem querer andar na melhor companhia e seguir a filosofia humana.

As coisas que são de Deus formam a nossa fé, o crédito e a confiança em Deus e nos fazem ter prazer no Senhor e valorizar os tesouros que são de cima. Elas querem que fiquemos no alto com Deus numa mansão celestial, que andemos com Deus aqui embaixo e sigamos a revelação divina, vivendo para a alma e para a eternidade.

UMA IGREJA DIFERENTE DO MUNDO

Paulo escreve aos cristãos para tratar de um grande erro que sempre cometemos. Devíamos saber disso, mas sempre estamos confundindo o mundo com a igreja e tentando conseguir que o mundo faça o que nós, cristãos, temos dificuldade de fazer. Estamos sempre pregando sermões, escrevendo artigos e cantando hinos, tentando equiparar o nosso país e a civilização moderna — ou qualquer civilização — com o cristianismo. Isso não é possível.

A Igreja cristã é algo à parte. Não é negra nem branca, não é vermelha nem amarela. A Igreja cristã não é para canadenses ou americanos, alemães, britânicos ou japoneses. A Igreja cristã é uma nova criação nascida do Espírito Santo, daquilo que saiu do lado ferido de Cristo, e é uma raça totalmente distinta. É um povo que está acima da raça presente, e devemos ser diferentes do mundo porque fomos ressuscitados com Cristo. "Procurem as coisas que são do alto, onde Cristo está assentado à direita de Deus" (Colossenses 3.1). Esse é o centro da verdade.

As Escrituras ensinam que Cristo está fora do túmulo, vivo para sempre e presente de maneira constante para aqueles que têm fé. Ele se junta a seu povo onde quer que ele se reúna, toda vez que se encontra — até numa gruta, escondido da perseguição. Pode ser na cocheira da mula ou numa catedral, mas seja lá onde o povo de Deus se reúne, Deus está com ele. Eles ministram para Deus e oram. Assim, a Igreja de Cristo vive, porque Cristo vive, não importam as estações do ano. Cristo está fora do túmulo e jamais voltará para lá. A morte não tem domínio sobre ele. Assim, porque ele se levantou do túmulo, nós também seremos levantados com ele para buscar as coisas do alto.

Certos imperativos nos são impostos porque Cristo ressuscitou, e cada voz santa do céu clama e nos exorta a cumprirmos essas ordens na nossa vida. As Escrituras dizem "procurem" e "mantenham". "Procurem [...] e mantenham o pensamento nas coisas do alto" e afastem os modos antigos, perdoem a todos no mundo e dediquem seu tempo ao Senhor.

É muito comum dedicarmos a Deus só os restos cansados do nosso tempo. Se Jesus Cristo nos tivesse dado só o resto de seu tempo, estaríamos todos rumando para as trevas. Cristo não nos deu as sobras esfarrapadas de seu tempo; ele nos deu todo o tempo que tinha. Mas alguns de nós só lhe damos as sobras do nosso dinheiro e dos nossos talentos, nunca entregando o nosso tempo pleno para o Senhor Jesus Cristo que nos deu tudo. Porque ele deu tudo, temos o que temos; e ele nos convoca: "neste mundo somos como ele" (1João 4.17).

O CULTIVO DE UMA
MENTALIDADE RELIGIOSA

Como um exemplo, devemos ter a mentalidade cristã. A dificuldade é que temos uma mentalidade secular e uma mentalidade religiosa. Fazemos a maior parte das coisas com a mentalidade secular e reservamos uma área minúscula para aquilo que denominamos mentalidade religiosa. Com a nossa mentalidade religiosa, tentamos servir ao Senhor da melhor maneira possível. Desse jeito, não funciona. O cristão não deve ter nenhuma mentalidade secular. Se você é cristão, deve "procurar as coisas que são do alto" — não deve haver nada de mentalidade mundana em você.

Alguns talvez perguntem: "Como conduzir os meus estudos? Como realizar as minhas tarefas domésticas? Como cuidar dos meus negócios?". Você cuida dos seus negócios, realiza as suas tarefas domésticas e conduz os seus estudos tornando-os parte de uma oferta a Deus, exatamente como você entrega o seu dinheiro na caixa de ofertas ou qualquer coisa que você ofereça de maneira aberta e pública a Deus.

A vida crucificada evita essa vida dividida. Uma vida em parte secular, em parte espiritual, em parte deste mundo e em parte do mundo acima não é, de modo algum, o que o Novo Testamento ensina. Como cristãos, podemos transformar a maior parte das ações inúteis em reuniões de oração maravilhosamente espirituais, desde que simplesmente as entreguemos para Deus.

Nicolas Herman, conhecido como Irmão Lourenço, era um simples lavador de pratos na instituição em que vivia. Ele dizia que lavava toda aquela louça para a glória de Deus. Quando terminava sua tarefa humilde, deitava-se no chão e adorava a Deus.

Fazia tudo o que lhe era ordenado para a glória de Deus. Ele testemunhou: "Eu não faria nada, nem mesmo catar uma palha do chão, sem que fosse para a glória de Deus".

Um santo louvava a Deus toda vez que bebia um copo de água. Ele não fazia uma cena, mas agradecia a Deus no coração. Toda vez que saio de casa, dirijo-me a Deus, esperando que ele me abençoe e me guarde pelo caminho. Toda vez que estou num voo, espero que o Senhor me proteja, faça-me aterrissar em segurança e me leve de volta para casa. Se ele me quiser no céu mais do que me quer na terra, responderá não a essa oração, e pronto — mas, seja lá o que acontecer, estarei com ele. Enquanto ele me quiser aqui, vou agradecer-lhe a cada hora e a cada dia por tudo.

Vamos descartar nossa mentalidade secular e mundana e cultivar uma mente santificada. Precisamos fazer trabalhos mundanos, mas, se os fizermos com uma mente santificada, eles já não são mundanos, mas parte da nossa oferta a Deus, como tudo mais que lhe oferecemos.

TAL QUAL UM GANSO DESAJEITADO

Cristo ressuscitou, e nós ressuscitamos com ele e nos sentamos à direita do Pai com ele, em espírito — e um dia desses o faremos com um corpo humano. Por enquanto, devemos agir como se estivéssemos em cima, no céu, mas de maneira um pouco diferente. Um menino da zona rural vem à cidade e age diferente porque pertence à zona rural. O menino da cidade vai para a zona rural e age diferente porque pertence à cidade. O homem que não vive na zona rural com cuidado, tentando evitar o barro e manter os sapatos limpos. Ele age como um homem da cidade na zona rural. Como cristãos, precisamos agir desse modo.

De certa forma, pertencemos ao alto. A nossa cultura pertence ao alto. O nosso pensamento pertence ao alto. Tudo pertence ao alto. É claro que, quando você está aqui embaixo, as pessoas o reconhecem e dizem: "Bem, aquele sujeito pertence ao céu". Conheço muitas pessoas que pertencem ao céu. Acho que uma das coisas mais feias no mundo inteiro é ver um ganso andando pela terra. Mas uma das visões mais graciosas nos céus é ver um ganso selvagem com as asas abertas rumando para o sul ou para o norte. Acho que agimos de modo desengonçado aqui porque pertencemos ao alto.

As pessoas que trabalham em grandes escritórios, rodeadas por não cristãos, não conseguem entrar facilmente em uma conversa durante os intervalos. Você age de maneira desengonçada, fica temeroso e envergonhado, sem saber o motivo. É porque pertence a Deus. Você tem outro espírito; conhece outra língua e fala a língua deste mundo com certo sotaque.

Quando outras pessoas mencionam a religião, falam sobre ela com sotaque. Essas pessoas pertencem à terra; você pertence a Deus nos céus e, claro, elas não concordam. Acham que você anda desengonçado aqui embaixo, mas ainda não o viram com as asas abertas. Espere chegar o tempo em que os filhos de Deus vão abrir as asas e levantar voo para encontrar o Senhor na glória. Então todos verão como eles são graciosos. Por enquanto, na terra, claro, as pessoas não nos veem assim.

JOIAS NESTE MUNDO

Essa questão de estarmos escondidos com Cristo em Deus pode ser naturalmente dividida em quatro segmentos. O primeiro ponto: "a sua vida". O segundo ponto: "está escondida".

O terceiro ponto: "com Cristo". E então o último ponto: "em Deus". Eis sobre a terra as joias do céu. A sua fé é sua segurança reforçada, e aqui está a cura de todas as curas: "A sua vida está escondida com Cristo em Deus".

A esperança da Igreja é que, "quando Cristo, que é a sua vida, for manifestado, então vocês também serão manifestados com ele em glória" (Colossenses 3.4). Essa é a esperança da Igreja. Não temos todos os detalhes. Éramos inteligentes demais uma geração atrás, quando pensávamos conhecer todos os detalhes. Sabíamos exatamente tudo o que era possível saber acerca das profecias. Agora é diferente. Temos de falar nas profecias porque o que nos ensinaram nos foi arrancado de sob os pés e de algumas das nossas opiniões. Sem dúvida, Cristo virá e, quando vier, você estará com ele em glória. Exatamente como você estava com ele quando Cristo morreu e ressuscitou, estará com Cristo quando ele vier em glória. Por enquanto, espera-se que você aja de acordo com aquilo em que crê.

É como a noiva que deve ser separada do noivo por um breve momento. Ela escreve algumas cartas e é ávida por lhe telefonar. Quer estar com ele. Ele está fora, em algum lugar, tentando conseguir uma casa para viver com ela. Ela diz: "Não me importa a casa. Quero estar com você". O importante não é a casa, com os enfeites e a mobília e todo o resto. Ela anseia por *ele*. É o que acontece com Jesus Cristo. Desejamos Jesus Cristo, e a glória virá por si.

A GLÓRIA DE DEUS

Tenho lido o livro de Apocalipse e os hinos da Igreja e tentado aprender acerca da glória. A maioria de nós ainda não sabe muito a respeito do céu. Podemos ficar surpresos com o que veremos ali e o que denominamos glória. Não conseguimos saber mais do que sabemos agora até Cristo voltar, mas podemos sabê-lo com intimidade cada vez maior. Conhecendo-o, vamos conhecer a glória porque ele *é* a glória daquele lugar — ali o Cordeiro é a luz.

A vida crucificada começa pela ressurreição após a cruz. Jesus está vivo; portanto, nós vivemos. Mas não sou eu. É Cristo o tempo todo.

Cristo já ressuscitou
Charles Wesley (1707-1788)

Cristo já ressuscitou, Aleluia!
Sobre a morte triunfou, Aleluia!
Tudo consumado está; Aleluia!
Salvação de graça dá. Aleluia!

Gratos hinos entoai; Aleluia!
Ao Senhor Jesus honrai, Aleluia!
Pois à morte quis baixar, Aleluia!
Pecadores para salvar. Aleluia!

Uma vez na cruz sofreu; Aleluia!
Uma vez por nós morreu, Aleluia!
E pra sempre reinará. Aleluia!

(versão de Henry Maxwell Wright,
Hinário para o culto cristão)

4

A SOLIDÃO DA VIDA CRUCIFICADA

Uma coisa pedi ao Senhor; é o que procuro: que eu possa viver na casa do Senhor todos os dias da minha vida, para contemplar a bondade do Senhor e buscar sua orientação no seu templo.

Salmos 27.4

Davi foi o homem que escreveu o salmo 27. Ele buscou Deus porque sabia que "os que buscam o Senhor de nada têm falta" (Salmos 34.10). E declarou: "como a terra árida, tenho sede de ti" (Salmos 143.6). Disse mais: "A minha alma descansa somente em Deus; dele vem a minha salvação [...]. Descanse somente em Deus, ó minha alma; dele vem a minha esperança" (Salmos 62.1-5). Davi ainda clamou: "Ó Deus, tu és o meu Deus, eu te busco intensamente; a minha alma tem sede de ti! Todo o meu ser anseia por ti, numa terra seca, exausta e sem água" (Salmos 63.1). E o salmista continuamente repetia: "A minha alma apega-se a ti; a tua mão direita me sustém" (Salmos 63.8).

Essa é a linguagem do homem Davi. Você encontrará esse mesmo tom em Abraão e todo o Antigo Testamento. Hoje, buscamos Deus e paramos de sondá-lo, enquanto os antigos santos buscavam Deus, encontravam-no e continuavam buscando--o mais e mais.

SIGA E AME PROFUNDAMENTE

Algumas grandes almas nos parecem incomuns por causa de sua qualidade de vida. Não coloco nenhuma delas num pedestal, pois alcançam a virtude no mesmo lugar onde podemos alcançar a nossa — no Senhor Jesus Cristo. O mérito delas vem da mesma fonte que a nossa; e o nosso, da mesma fonte que o mérito deles. O apóstolo Paulo disse: "Não que eu já tenha obtido tudo isso ou tenha sido aperfeiçoado, mas prossigo para alcançá-lo, pois para isso também fui alcançado por Cristo Jesus" (Filipenses 3.12).

Essa forma de pensar produziu pessoas como Santo Agostinho e John Tauler, Thomas à Kempis, Richard Rolle, Bernardo de Claraval, Bernardo de Cluny, João da Cruz, Madame Guyon, François Fénelon e Henry Suso. Esses nomes soam estranhos para alguns, mas estão associados à multidão de cristãos que "anseiam por Deus", aqueles que cultivaram no coração o mesmo tom do antigo Davi.

Eu poderia listar nomes que talvez sejam mais familiares: Samuel Rutherford, John Wesley, A. B. Simpson. Uma sede e um anseio pela água fresca *dirigiram* esses homens e mulheres. Quando a encontravam, buscavam-na novamente. A tragédia nos nossos dias é que somos ensinados a crer em Cristo e aceitá-lo, e parar de buscá-lo.

É nesse ponto em que está a igreja evangélica hoje. O que estou tentando fazer é encorajar as pessoas a desejarem buscar Deus. Qualquer flecha rumo a um alvo precisa estar na direção correta. O que importa é a direção e o movimento. Se Deus é a direção e se você se move para ele, fico feliz.

No Antigo Testamento há um livro que poucos leem. Eu também hesito em fazê-lo porque é um tanto rude. A maioria não o lê porque não sabe o que significa. Refiro-me ao Cântico de Salomão. Um dos antigos místicos, Bernardo de Claraval, começou a escrever uma série de sermões sobre o Cântico de Salomão (intitulada *Sermões sobre o Cântico dos Cânticos*), mas só havia terminado de pregar o primeiro capítulo quando morreu. Então suponho que tenha concluído a exploração do livro na glória.

O Cântico de Salomão é a história de uma moça profundamente apaixonada por um jovem pastor. É de fato uma linda história de amor e assim tem sido compreendida pela Igreja. Um dos hinos de Charles Wesley, "Tu, Pastor de Israel e meu Pastor", é baseado nesse livro:

Tu, Pastor de Israel e meu Pastor,
Alegria e desejo do meu coração,
Por maior comunhão anseio,
Anelo residir onde estás;
A pastagem que almejo encontrar
Onde todos os que obedecem ao Pastor
São alimentados, reclinados em teu colo
E protegidos do calor do dia.

Ah! Mostra-me aquele lugar feliz,
O lugar de morada de teu povo,
Onde os santos numa visão extasiada
Esperam num Deus crucificado:
Teu amor por um pecador declarar,
Tua paixão e morte no madeiro;
Meu espírito suporta o Calvário,
Para sofrer e triunfar contigo.

É ali com as ovelhas de teu rebanho,
Só ali ambiciono descansar,
Deitar-me ao pé da rocha,
Ou levantar para me abrigar em teu peito;
É ali que permaneceria sempre,
E nem por um momento sequer me afastaria,
Escondido no rasgo de teu lado,
Eternamente guardado em teu coração.

Esse hino fala acerca de Deus sem ser irreverente. A nossa mentalidade atual, porém, é um cristianismo do tipo "Eu acredito em Cristo; agora vamos tomar um refrigerante". A Igreja de Jesus Cristo nunca se guia pela cabeça. A Igreja se guia pelo coração. O Espírito Santo nunca enche a cabeça do homem. O Espírito Santo enche o coração humano. Os esforços atuais de "apoiar" o cristianismo com a filosofia e a ciência receberão um olhar atravessado do Deus onipotente que então os deixará seguir às cegas rumo ao liberalismo. Em algum lugar, Deus terá seu próprio povo, composto por aqueles que continuam clamando pelo Deus a quem amam.

Esse não é o lugar da ética humana. O autor anônimo de *A nuvem do não-saber* escreveu: "Da brevidade da palavra e da impossibilidade de alguém se elevar até ele, pela curiosidade intelectual ou pela imaginação [...]. Lembre-se dele ansiando por Deus, ambos tentaram resolver o problema raciocinando por si". Em outras palavras, não é pelo seu pensar ou pela sua imaginação que você alcança Deus. Em tudo isso há um elemento desconhecido.

PENSAMENTO FÚTIL

Não me deterei por nada menos que o profundo vício divino a que denominamos Deus e me empenharei para viver além do poder da imaginação. A dificuldade básica na igreja evangélica é que temos tentado *pensar* no nosso caminho para Deus. Nada poderia ser mais fútil e frustrante.

É somente pela graça que você pode ter a plenitude do conhecimento de Deus, mas nenhum homem consegue, por si só, pensar em Deus. Você não consegue pensar a respeito dele ou como ele; de fato, não consegue nem mesmo conceber a ideia de Deus. Mas aquela fome no seu coração buscará e sondará até encontrar o objeto do amor do seu coração, o próprio Deus.

Como, então, podemos conhecer Deus? Como podemos perfurar a nuvem de trevas e ser atingidos pelo dardo afiado do amor ardente? Pela sede de Deus sem nenhum outro motivo que não alcançar o próprio Deus. Muitos permanecem aquém e se satisfazem com as obras de Deus e até com a teologia. Sem dúvida, o pensamento é necessário e correto, mas em última análise é impotente porque a busca vai além do âmbito intelectual. Você não consegue chegar a Deus com a cabeça. O hino de William Cowper "A luz e a glória da Palavra" reflete isso:

O Espírito sopra sobre a Palavra,
E traz à tona a verdade;
Preceitos e promessas fornecem
Uma luz que santifica.

Uma glória recobre a página sagrada,
Majestosa como o Sol:

Provê luz para todas as épocas;
Provê, mas nada toma emprestado.

A mão que a deu ainda supre
A luz e o calor pela graça:
Suas verdades sobre as nações alvorecem;
Alvorecem, mas nunca se põem.

Gratidão eterna receba
Por tão reluzente manifestação
Que faz um mundo de escuridão brilhar
Com raios do dia celestial.

Minha alma exulta em perseguir
Os passos daquele a quem amo,
Até a glória irromper à minha vista
Em mundos mais brilhantes, acima.

UM PREENCHIMENTO PODEROSO

Ainda que tenha ocorrido de modo não intencional, as Escrituras se tornaram para alguns o substituto de Deus. A Bíblia tornou-se uma barreira entre eles e Deus. "Temos a Bíblia", dizem com certo orgulho, "e não precisamos de mais nada". Examine a atitude deles, e você descobrirá que a Bíblia não causou impacto real no estilo de vida. Lembre-se que uma coisa é acreditar na Bíblia; outra, totalmente diferente, é permitir que a Bíblia, pelo ministério do Espírito Santo, exerça impacto e mude sua vida.

O problema de alguns é crerem que, se leram algo na Bíblia, já o experimentaram. Uma coisa é ler a respeito do novo nascimento na Bíblia; outra, totalmente diferente, é nascer de cima, pelo Espírito do Deus vivo. Uma coisa é ler a respeito de ser cheio do Espírito Santo; outra, bem diferente, é experimentar o poderoso enchimento do Espírito Santo que muda radicalmente a nossa vida para uma vida de adoração maravilhada e extasiada com as coisas de Deus. Ler e experimentar são coisas bem diferentes.

À parte do Espírito Santo soprando sobre ela, a Bíblia pode ser algo inútil, apenas outro livro literário. Pode ser boa literatura, mas há algo infinitamente mais valioso que a Bíblia.

Aproprie-se das promessas

Podemos lembrar-nos de ter cantado na Escola Dominical um cântico que diz "Cada promessa no Livro é minha". Mas não chegamos a perceber que uma coisa é acreditar numa promessa; outra, bem diferente, é apropriar-se dela na vida. É como um homem tropeçando na escuridão da noite, sem conseguir ver a mão diante do próprio rosto. Seu companheiro pergunta: "Como você consegue enxergar nessa escuridão?".

"Eu consigo", responderia ele, "porque tenho um farolete no bolso". O fato de simplesmente possuir um farolete no bolso não ilumina o seu caminho até você tirá-lo do bolso e ligá-lo. Simplesmente acreditar na Bíblia não resolve, até retirarmos as promessas divinas da Bíblia e, pela fé, apropriarmo-nos delas na nossa vida.

Um pequeno lema que circula nos meios evangélicos é "Deus disse, eu creio, e isso basta". O problema é que, se você não crê em algo o suficiente para tomar posse disso na sua vida, está realmente crendo? A Bíblia exorta a "andarmos na luz". Mas a luz não tem valor algum, a menos que estejamos andando nela.

Separe-se

Alguns cristãos chegaram ao ponto de falarem sobre quase tudo o que conseguiram compreender. Nunca chegarão mais longe com a cabeça, de modo que podem dar descanso a ela. É o coração sedento que finalmente penetrará o véu e encontrará Deus, mas isso ocorrerá nos recessos solitários do coração, longe das coisas do mundo natural. É nesse lugar que Deus nos encontrará — longe da multidão enlouquecedora.

Estude o tabernáculo do Antigo Testamento, e você terá uma ideia do que estou dizendo. O sumo sacerdote precisava cumprir vários estágios até finalmente se separar da luz natural e entrar na presença de Javé. Naquela presença estava a iluminação sobrenatural da presença de Deus.

Sem nada que o protegesse, exceto a oferta de sangue e a garantia da promessa de Deus, o sacerdote ficava ali na presença daquele brilho sobrenatural. Permanecia ali sozinho. Ninguém podia acompanhá-lo dentro daquele lugar brilhante.

É muito difícil para os cristãos modernos compreenderem isso. Vivemos numa era de auxílios. Em nenhuma outra época da História houve mais auxílios à vida cristã. É um estranho oximoro que, quanto mais auxílios à Bíblia temos, menos poder espiritual manifestamos. É porque esses auxílios só conseguem chegar até esse ponto.

A professora pode ensinar o aluno a ler, mas na realidade isso é tudo o que consegue fazer. O que o aluno lê realmente cabe a ele. A professora pode ajudá-lo até ali; depois fica por conta dele. Isso é verdade para a vida inteira. Há algumas coisas na vida que precisamos fazer por nós mesmos. Ninguém pode ajudar-nos. Ninguém pode auxiliar-nos ao longo do caminho. Por isso há uma decadência nos círculos evangélicos de hoje. Queremos confiar uns nos outros. Queremos exercer o "ministério de socorro". Não somos nada, a menos que tenhamos uma multidão à volta, sem perceber que penetrar na presença de Deus é uma jornada muito solitária.

Ainda que possa haver muitos companheiros ao longo do caminho quando vivemos a vida crucificada, ninguém pode vivenciar as nossas experiências por nós. Além disso, não podemos vivenciar as experiências dos outros. Tudo se resume a Deus e nós. E, quando chegamos à presença do Senhor, chegamos por nós mesmos. A comunhão cristã é maravilhosa, mas existe um momento em que até ela se torna um obstáculo. Você estará sozinho mesmo que a multidão o rodeie. Ainda que houvesse 3 mil convertidos mediante a pregação de Pedro no dia de Pentecoste, cada um se converteu por si só. Quando o Espírito Santo desceu no Pentecoste, não se estabeleceu sobre eles em massa. O Espírito veio sobre eles individualmente, e cada um passou pela experiência como se fosse o único ser humano presente.

É provável que você queira ajudar os outros; então ajude-os ao máximo, mas Deus quer que você prossiga para onde não há luz natural que o ajude. Você não pode confiar em nada natural quando está na presença de Deus.

Renove sua mente

Um homem escreveu numa revista evangélica: "Aceitei as doutrinas de uma denominação assim e assim". Ele havia permitido que outra pessoa moldasse sua mente. É por isso que milhões são católicos (ou metodistas, ou presbiterianos) satisfeitos: porque alguém pensa por eles. Alguém lhes diz uma palavra de fé, amor e consolo, e já pensou tudo para eles. Alguém superior assumiu toda responsabilidade. Tudo o que precisam fazer é obedecer sem questionar.

Não quero ser antipático. Só estou ressaltando que é por isso que certas denominações religiosas podem segurar seu povo sem nunca dizer "É entre você e Deus". Você precisa encontrar Deus "como a corça anseia por águas correntes" (Salmos 42.1). Você precisa buscar Deus sozinho. Posso ajudar você com as Escrituras e fazer o máximo para o auxiliar; mas, quando ele o encontrar, você estará só. Você não pode tomar emprestado a autoridade de outra pessoa. Ninguém pode chegar e dizer: "Tudo bem, está feito. Agora declaro que, a partir de hoje, nesta hora, você está bem".

Um jovem cristão que buscava sinceramente Deus me disse: "Acho que você chegou lá". Graças a Deus, eu estava atento, porque aquilo poderia ser o meu fim. O nosso desejo é que cada um clame a Deus e olhe em sua direção sem nada mais, exceto o puro propósito de buscar o próprio Deus. Quero Deus e nada mais.

Alguns acreditam que "justificados por sua redenção" seja simplesmente uma figura de linguagem. Creio que, quando Jesus Cristo disse "quem me recebe, recebe aquele que me enviou" (Mateus 10.40), quis dizer que *ele* me recebeu. E não serei exposto por nenhum estudioso brilhante que diz que as palavras de Jesus eram uma ilustração extraída de um tribunal legal estrangeiro. Talvez a ilustração ou figura tenha sido extraída dali, mas, por trás da figura de linguagem que a sustenta, está a realidade concreta da minha vida e do meu futuro, e a esperança de que seja mais que mera ilustração.

É um fato glorioso e concreto, firmado sobre a rocha eterna; pois Jesus removeu todos os empecilhos legais pelos quais eu não iria para o céu. Mas creio que um Deus santo precisa reger seu Universo de acordo com sua lei santa. Se ele rege seu reino de acordo com sua lei santa, não me preocupo, porque quebrei cada uma de suas leis, seja na intenção, seja de propósito. Assim, a justificação deve estar em algum lugar. A redenção deve estar em algum lugar. Deve-se fazer algo legal para permitir que eu tenha Deus e ele me tenha. E isso *foi* feito. Graças a Deus, isso foi feito!

Creia em Deus

Há momentos em que tudo o que podemos fazer é crer em Deus e naquilo que ele diz. Acreditar nele em amor. O autor de *A nuvem do não-saber* diz: "Deus mesmo nenhum homem consegue pensar [...]. Ele pode ser amado, mas não pensado". Deus onipotente criou o Universo, e sua presença transborda em graus imensos e jamais pode ser circunscrita naquela coisa pequenina chamada nossa cabeça, nosso intelecto. Ele sabe que tudo o que podemos fazer é buscar, porém jamais chegar a Deus.

Esvazie-se

Um fenômeno da natureza é que não existe algo que possa ser chamado de vácuo. O vácuo não existe na natureza e também não existe no mundo espiritual. Enquanto um recipiente está cheio de algo, nada mais pode entrar. E é aqui que uma lei espiritual entra em cena. Enquanto houver algo na minha vida, Deus não pode preenchê-la.

Se eu esvaziar metade da minha vida, Deus só pode encher essa metade. E a minha vida espiritual seria diluída com as coisas do homem natural. Essa parece ser a condição de muitos cristãos hoje. Eles estão dispostos a se livrarem de algumas coisas na vida, e Deus vem e os preenche o máximo que consegue. Mas até que eles estejam dispostos a renunciar a tudo e a entregar tudo no altar, de certo modo Deus não pode preencher sua vida inteira.

Uma das coisas estranhas acerca de Deus é que ele entrará à medida que permitimos que o faça. Digo com frequência que o cristão é cheio do Espírito Santo conforme deseja. Podemos implorar para sermos cheios do Espírito Santo. Podemos falar a respeito disso; contudo, até estarmos dispostos a nos esvaziar, jamais teremos a plenitude do Espírito Santo na nossa vida. Deus nos preenche de acordo com o que lhe permitimos preencher.

Quando criamos um tipo de vácuo na nossa vida, estamos na realidade convidando o Espírito Santo para chegar logo. No dia de Pentecoste, houve o som "como de um vento muito forte" (Atos 2.2). O motivo para isso é que aqueles discípulos se colocaram diante de Deus, esvaziados de tudo. Eles não tinham espaço para nada, exceto para Deus. E, quando se apresentaram como recipientes vazios diante do Senhor, ele correu poderosamente para enchê-los.

Não importa a geração que você observe ou o século que você estude, descobrirá uma coerência naquilo que o Espírito Santo está dizendo e fazendo. Desde o dia de Pentecoste até o momento presente, só existe uma coisa na mente do Espírito Santo: preencher a Igreja com sua presença gloriosa. Sua mensagem é simplesmente: "Esvaziem-se, e eu, o Espírito Santo, virei para encher vocês até transbordarem".

UM AUTOLIVRAMENTO

Alguns podem dizer: "Pastor, eu seria um cristão melhor se tivesse um pastor melhor". Eu gostaria que isso fosse verdade. Mas você sabe que não se trata disso, porque, quanto melhor o pastor, mais parasita espiritual você seria, descansando nele. Com frequência as pessoas mais espirituais frequentam igrejas cujos pregadores não conseguem entregar seu sermão sem um lenço de papel ao lado. O motivo é que, por terem pouco auxílio do púlpito, esses cristãos precisam aprender a confiar em Deus. Se você obtém muita ajuda do púlpito, tende a se tornar um parasita e descansar no seu pastor. Creio no sacerdócio dos cristãos.

Livre-se de si mesmo. Quando você ficar tão atolado na lama que só Deus o conseguirá resgatar, haverá um som que poderá ser ouvido a uma quadra de distância. Pare de pensar que você é alguém. Pare de pensar que vai conseguir ser um teólogo abençoado. Isso é tudo o que você sabe. Como disseram certa vez: "Pelo amor, é possível amar a Deus e ser santo, mas jamais ensinado". Tenha o cuidado de não tentar entrar na vida mais profunda por sua inteligência ou imaginação. Não tente olhar para Deus por si mesmo e mantê-lo no seu próprio coração. Não estou dizendo que não é bom chegar ao altar para orar. A questão é outra. Estou falando sobre a solidão da alma tirada da multidão.

Mesmo quando a mulher avançava em direção a Jesus e era comprimida pela multidão que o apertava por todos os lados, ela continuou avançando e finalmente tocou a barra das vestes dele. Jesus disse: "Quem tocou em mim?" (Marcos 5.31; Lucas 8.45).

Os discípulos de Jesus observaram que ele estava cercado por todos os lados, mas Jesus retrucou: "Eu não quis dizer isso.

Quero saber quem me tocou com fé" (v. Lucas 8.46). Os discípulos ficaram apenas perturbados. Eles estavam com Jesus, mas só ficaram perturbados. No entanto, a mulher que estava só, separada, avançou na direção de Jesus, e foi tocada por ele em fé e amor.

Precisamos ter o coração curado. Precisamos ter a unção de Deus no coração. Um antigo hino de A. B. Simpson atesta esse fato:

Sim, há bálsamo, há bálsamo em Gileade;
Ali há um grande Médico!
Levemos a ele todas as nossas enfermidades,
Lancemos sobre ele toda a nossa ansiedade.

A vida crucificada é uma vida abençoada, mas é uma vida solitária que nenhum homem pode percorrer no lugar de outro.

A luz e a glória da Palavra
William Cowper (1731-1800)

O Espírito sopra sobre a Palavra,
E traz à tona a verdade;
Preceitos e promessas fornecem
Uma luz que santifica.

Uma glória recobre a página sagrada,
Majestosa como o Sol;
Provê luz para todas as épocas;
Provê, mas nada toma emprestado.

A SOLIDÃO DA VIDA CRUCIFICADA

A mão que a deu ainda supre
A luz e o calor pela graça:
Suas verdades sobre as nações alvorecem;
Alvorecem, mas nunca se põem.

Gratidão eterna receba
Por tão reluzente manifestação
Que faz um mundo de escuridão brilhar
Com raios do dia celestial.

Minha alma exulta em perseguir
Os passos daquele a quem amo,
Até a glória irromper à minha vista
Em mundos mais brilhantes, acima.

PARTE II

· · · · · · ·

A DINÂMICA DA VIDA CRUCIFICADA

5

PROSSEGUINDO EM DIREÇÃO À TERRA PROMETIDA

"Meu servo Moisés está morto. Agora, pois, você e todo este povo, preparem-se para atravessar o rio Jordão e entrar na terra que eu estou para dar aos israelitas. Como prometi a Moisés, todo lugar onde puserem os pés eu darei a vocês."

Josué 1.2,3

É sempre possível testar a qualidade do ensino religioso pela recepção entusiástica recebida por parte dos não salvos. Se o homem natural o recebe com entusiasmo, não é do Espírito de Deus. Paulo diz claramente que o homem natural não consegue entender as coisas espirituais. Para ele, as coisas espirituais são loucura (v. 1Coríntios 2.14).

Há um tipo de ensino religioso que é compreendido, aceito e considerado perfeitamente lógico pelo homem natural. Mas o homem natural não entende aquilo que é do Espírito de Deus. Ele não tem capacidade de discerni-lo.

O homem natural é deste mundo. Ele pode estar em perfeita saúde e ter um QI de 180. Pode ser tão belo quanto uma estátua grega ou, sendo mulher, um perfeito exemplo de fina feminilidade. O homem natural, ainda que nesse estado, não é abençoado e está fora da graça.

Contrário ao homem natural é o homem espiritual. Esse é o cristão maduro em sua fé, conduzido, ensinado e controlado pelo Espírito Santo, aquele a quem o Espírito de Deus pode falar.

Depois há o homem carnal. O homem carnal é o cristão imaturo. Já não é um homem natural, pois foi renovado pela graça de Deus e vive num estado de graça, mas não é espiritual. Está no meio do caminho, entre o homem natural e o espiritual. Foi regenerado, mas não avança na vida espiritual. Não é influenciado nem dirigido pelo Espírito Santo; antes, é controlado por sua natureza inferior.

Dos três tipos, é o homem espiritual que está vivendo a vida crucificada. Ele é habitado, conduzido, ensinado, influenciado e controlado pelo Espírito Santo.

PROTÓTIPOS DO ANTIGO TESTAMENTO

O protótipo do homem natural no Antigo Testamento — dos que não vivem num estado de graça — era Israel no Egito. Os israelitas estiveram no Egito por quatrocentos anos, e a maior parte desse tempo eles viveram sob escravidão. Então veio Moisés que, por meio do sangue, da expiação e do poder, conduziu os filhos de Israel para fora do Egito, com o mar Vermelho fechando-se entre Israel e a terra do faraó. Aquilo correspondia ao novo nascimento.

A regeneração, ou renascimento, torna cristão o homem natural, tirando-o da natureza e elevando-o a um estado de graça. Israel saiu do Egito e atravessou o mar; o mar fechou-se atrás deles e o inimigo morreu. Pela primeira vez em quatrocentos anos, Israel era uma nação livre, redimida pelo sangue e pelo poder.

Isso é semelhante ao cristão que por toda a vida se sujeitou a escravidões de vários tipos — correntes, grilhões e algemas sobre o seu espírito. Agora, pelo sangue do Cordeiro, o poder do Espírito, ele é tirado do Egito, e o mar Vermelho se fecha atrás dele. Costumávamos cantar o hino "Dei as costas para o mundo", de Elisha A. Hoffman:

Dei as costas para o mundo
Com todos os seus prazeres vãos,
E fixei o coração em coisas melhores,
Em tesouros mais elevados, mais santos;
Nunca mais seu brilho, sua luz
E a vaidade me cegarão;
Atravessei a linha de separação,
E deixei para trás o mundo.

Essas palavras descrevem com exatidão o que aconteceu a Israel na terra de Canaã. Era intenção benevolente de Deus que o homem natural escravizado no Egito saísse do Egito e fizesse uma jornada de 11 dias até a terra santa oferecida a Abraão por Deus na aliança. A terra santa — que recebe vários nomes, como terra prometida, terra da promessa e Canaã — seria a terra natal de Israel.

Israel não só sairia do Egito, como também estaria na terra santa, sua terra natal espiritual. Deus os tirou para fazê-los entrar. Esse ponto perdeu-se no nosso ensino hoje. Deus nos tira não para ficarmos fora, mas para sermos levados para dentro.

Deus salva um criminoso não para falar a respeito disso uma vez por ano pelos próximos quarenta anos, mas para que esse homem possa tornar-se um santo. Deus o tira da escravidão para poder conduzi-lo à terra prometida. E, quanto mais longe ele chega, menos precisará falar a respeito de onde estava. Não é marca de espiritualidade quando falo longamente acerca de quem eu era. Israel queria esquecer o que era e só lembrava ocasionalmente de agradecer a Deus por seu livramento.

Hoje amplificamos o que éramos e escrevemos livros para falar ao mundo sobre isso. Paulo disse: "Essas coisas nem devem ser mencionadas entre o povo de Deus" (v. Efésios 5.12). Elas nem devem ser citadas nas conversas. Deus tirou você da escravidão, mas não o deixa no limbo. Ele tira você para fazê-lo entrar, e essa era a vontade de Deus.

Depois que Deus tirou Israel do Egito, mostrou-lhes, após 11 dias de marcha, a terra prometida. O inimigo poderia ter sido expulso, e eles podiam tomar posse da terra santa da promessa que Deus lhes havia feito séculos antes. Não seria roubo. Eles a estariam ocupando como possessão própria. Deus, que a possuía, a tinha dado a Abraão e seus descendentes. A descendência de Abraão havia sido tirada dali e levada ao Egito. Deus agora trazia Israel de volta para colocar o povo na terra. Eles não seriam usurpadores — não para tomar a terra —, mas para ocupar a terra que era propriamente deles por dádiva daquele que a possuía: Deus.

Metaforicamente, Deus tirou os israelitas do pecado, de modo que pudesse colocá-los na vida espiritual. A marcha dos israelitas era uma jornada abençoada por Deus, Deus pairava sobre eles e a *shekinah* os iluminava, conduzindo-os diretamente para a terra santa. Quando chegassem à terra da promessa da qual Abraão havia saído séculos antes, deviam ser homens espirituais. Eles representam um protótipo do homem espiritual no Antigo Testamento.

O HOMEM NATURAL

Se você é um homem natural, mesmo que seja muito culto, muito talentoso, muito bonito ou muito desejável, não sabe nada acerca de Deus e nada a respeito da vida espiritual. Você não possui as faculdades para conhecê-la.

Se um homem totalmente surdo ficasse lendo enquanto alguém toca uma sinfonia de Mozart, você não o condenaria por ler em vez de ouvir a música. Ele não tem a capacidade de desfrutar a música. A capacidade que você tem de ouvir a sinfonia está morta nele.

Ou, se você estivesse apreciando pinturas numa galeria de arte e houvesse um homem completamente cego sentado num banco, você não diria: "Por que esse bárbaro está aí sentado? Por que não se levanta para apreciar as obras de arte?". Ele não tem a capacidade de ver. A capacidade que você tem de apreciar pinturas está morta nele.

Não importa quem você é ou quanto você é culto ou religioso, se não foi regenerado, renovado, reconstruído, trazido à luz pelo impulso do Espírito Santo, não consegue entender Deus. Você não consegue entender as coisas espirituais de modo algum; só consegue entender a história das coisas espirituais. Qualquer entusiasmo que você possa ter por religião não passa de ilusão.

O HOMEM ESPIRITUAL

Paulo diz que nós, cristãos, que fomos despertados para a vida — filhos de Deus não mais no estado da natureza, mas num estado de graça —, mas continuamos sem progredir ano após ano, vagamos espiritualmente em vez de nos movermos direto à frente. Às vezes podemos ficar um pouco mais perto do Egito que da terra santa; depois chegamos um pouco mais perto da terra santa; então voltamos para o Egito. Assim oscila o nosso pêndulo, para trás e para a frente, e às vezes olhamos para o mar lembrando que éramos escravos.

Então vamos a alguma reunião de oração ou algum avivamento, tomamos nossas armas e nos movemos para tão perto da terra santa que quase conseguimos tocá-la. Mas não estamos indo para lugar algum. Não estamos voltando para o mundo nem estamos avançando para a vida espiritual. Dessa forma, avançamos para trás e para a frente, oscilando entre o velho mundo de onde viemos e o novo mundo onde devíamos estar.

Continuar ano após ano sem progredir é desenvolver um tipo de doença crônica do coração. O seu coração começa a endurecer cada vez mais com o passar do tempo. O melhor momento para mergulhar na vida espiritual mais profunda é quando você é cristão novo, tem entusiasmo e pode formar hábitos bem enraizados.

Se eu tentasse aprender japonês na minha idade, seria quase impossível. Eu poderia aprender a ler e a escrever. Contudo, jamais seria capaz de falar bem o suficiente para ser compreendido, porque eu já vivi muito, e a minha língua, os meus lábios e o meu palato estão muito acostumados a só formar palavras no meu idioma nativo. Todas as pequenas torções, voltas e resvalos da língua materna cabem na minha boca. Quanto mais velho, maior a dificuldade para eu aprender uma nova língua. Entretanto, um jovem pode pronunciá-la perfeitamente em pouco tempo. Quanto mais jovem, mais fácil aprender e falar uma nova língua, porque com o tempo os hábitos tendem a restringir-nos.

O HOMEM CARNAL

Agora, o que dizer do homem carnal? O homem carnal é o cristão imaturo que não prossegue nem avança. Ele é atrasado em seu desenvolvimento espiritual e não é influenciado ou controlado pelo Espírito Santo, mas pela própria natureza inferior.

Quando Israel chegou a Cades-Barneia depois de marchar um pouco rumo à terra prometida, parou (v. Números 13 — 14). Moisés disse ao povo: "Estamos prestes a entrar na terra que tem sido objeto de sua esperança desde que Deus tirou vocês do Egito".

Israel respondeu: "Estamos um pouco temerosos. Então, envie 12 homens para espiar a terra". Assim, Moisés enviou 12 homens para examinar a terra e relatar se eles podiam ou não ocupá-la. Quando os espiões voltaram, todos relataram que era uma terra excelente. Havia água. Para o povo daquela terra, a água equivalia a riquezas indizíveis. Era mais valiosa que a prata, o ouro e os diamantes. Assim, relatar que se tratava de uma terra excelente, em que havia muita água, equivalia a dizer que era um tipo de paraíso.

Eles encontraram uvas tão grandes que precisaram de dois homens para carregar um galho. Encontraram tâmaras tão doces, que seriam equivalentes aos atuais açúcar, balas, compotas, marmelada e refrigerantes. Todos têm seu doce preferido, e eles tinham as tâmaras. Os figos e as tâmaras eram, provavelmente, a parte mais doce de sua dieta. E havia as romãs. As romãs são bagas, mas suficientemente próximas das frutas cítricas, para serem classificadas como tais. São literalmente recobertas de vitaminas. Vale a pena comê-las.

Depois havia o leite e o mel. Quando a Bíblia fala sobre uma terra "onde manam leite e mel", não se trata de linguagem descuidada (Êxodo 3.8). Havia muitas abelhas na terra. Havia tanto mel que as árvores não conseguiam sustentar tudo, de modo que o mel pingava literalmente sobre grandes rochas. E havia leite abundante de ovelhas e cabras. Essa terra era muito diferente do Egito, a terra de onde haviam saído pouco antes.

Agora, ao voltarem, desses 12 homens, 10 relataram como era a terra, mas disseram: "Aconselhamos vocês a não subir para a terra porque, ainda que o solo seja excelente, com muita terra, uvas, figos, romãs, leite e mel, o povo é grande e forte. Há gigantes ali e as cidades deles são grandiosas e muradas até o céu".

Uma terra com mananciais de água, uvas, figos, romãs, leite e mel não me soa como alimento para seus habitantes gigantescos. Além disso, os espias não haviam ficado tempo suficiente para observar os habitantes comendo alguma coisa. Os 10 homens estavam simplesmente temerosos e, cheios de incredulidade, aconselhavam os israelitas a não seguirem adiante.

"Vamos ficar aqui no deserto", era o conselho deles. "Estamos livres do Egito, graças a Deus, e já não somos escravos. Estamos no deserto e, ainda que não seja o melhor, vamos nos estabelecer aqui em vez de sair contra aqueles gigantes naquela maravilhosa terra natal prometida."

Então Calebe e Josué se adiantaram e disseram a Moisés: "Estamos prontos para entrar. Não dê atenção a esses pessimistas. Podemos tomar a terra facilmente e haverá pão para nós. A terra nos pertence, Deus nosso Pai a deu para nós — para Abraão, nosso pai — e é nossa. Vamos tomá-la".

Calebe e Josué falaram das ricas vantagens na terra e não estavam dispostos a permitir que os numerosos e fortes gigantes das cidades muradas os impedissem.

PROSSEGUINDO EM DIREÇÃO À TERRA PROMETIDA

Todo ensino de hoje acerca da igreja como a democracia perfeita e de como não deve haver líderes é pura balela, sem nada no Antigo ou no Novo Testamento que o justifique. Doze líderes foram enviados como espiões à terra, e o povo era mais ou menos dependente do que aqueles líderes diziam. Assim como você e eu somos, em grande medida, dependentes dos nossos líderes na democracia em que vivemos atualmente. E na Igreja de Cristo acontece o mesmo.

O povo ouviu o relato desfavorável dos 10 homens; ou seja, o relato da maioria. Calebe e Josué deram o relatório da minoria, mas eram só 2. O povo chorou e caiu diante da porta de suas tendas, desejando que não tivesse saído do Egito. Ele reclamou a Moisés, dizendo: "Quisesse Deus que voltássemos para o Egito".

Tudo o que os israelitas conseguiam ver eram as cidades muradas e os gigantes. Eles não conseguiam ver as uvas ou o leite manando das cabras ou árvores gotejando a doçura do mel sobre a grama. Eles não conseguiam ver os campos ondulantes nem os ribeiros e rios. Eles se esqueceram de que Deus havia dito: "Subam, e a darei a vocês". Então disseram: "Vocês vão matar as nossas pobres mulheres. Vocês vão matar as nossas crianças".

Esse é sempre o argumento do homem não espiritual: "Preciso pensar na minha família. Afinal, tenho uma família, irmão, e Deus quer que eu seja sábio; não posso exagerar. Não posso ser espiritual demais porque preciso cuidar da minha família. Não posso sujeitar a minha esposa e os meus filhos a dificuldades. Não posso jogar cargas sobre eles". Sempre agradando a esposa e a família, esse homem se esquece de que a melhor herança que um marido pode deixar para a família é a memória de que ele foi uma pessoa. Uma mulher espiritual também enfrenta pedras de tropeço. Sua família pode atacá-la com linguagem agressiva, censurá-la com palavras sarcásticas, opor-se a ela e fazê-la sentir-se como boba. Entretanto, uma mulher espiritual se afastará quieta, mais triste, porém mais sábia, e concordará que a melhor herança que pode deixar para a família é ter sido uma pessoa boa.

Bastava terem crido, e os israelitas teriam levado as esposas e as famílias para a terra santa em poucas horas. Tomariam posse de toda aquela terra. Em vez disso, por quarenta anos, vagaram pelo deserto. Tinham tanto medo de que as esposas e os filhos fossem mortos se entrassem naquela terra que terminaram andando quarenta anos, rodando, rodando e voltando a rodar no deserto. Ora pendiam de volta às proximidades do Egito onde haviam estado, ora faziam uma grande andança para perto da terra prometida onde deviam estar. De volta ao Egito, onde não estavam, e então outra volta, na rotação, de novo perto do lugar em que deviam estar.

Eles vagaram por quarenta anos até aquelas crianças chegarem à meia-idade e aquelas mulheres morrerem. Quarenta anos no deserto porque os homens choramingaram, dizendo: "Não podemos ir. Sairia muito caro. Não podemos maltratar a nossa família. Precisamos estar com a nossa família nas noites de domingo e quarta e durante todo o congresso missionário. Precisamos estar com a nossa família. Não podemos correr o risco de os nossos filhos se tornarem delinquentes".

O melhor modo de um marido salvar a família da delinquência é mostrar a ela o exemplo de um homem que ama a Deus incondicionalmente. Um homem que procura ser espiritual, mesmo que isso lhe custe sangue. Um homem que não dá ouvidos às artimanhas do Diabo: "Você já dá mais do que deve para a obra do Senhor e prejudicará sua família se tentar tornar-se espiritual".

Israel peregrinou no deserto por quarenta anos por causa do julgamento divino. Deus disse: "Nenhum de vocês entrará na terra" (Números 14.30). O medo da morte, as dúvidas e as reclamações deles desagradaram a Deus porque o povo difamou a terra (Números 14.36).

Todo homem que fica nas sombras e difama a vida espiritual mais profunda está difamando a luz solar. Todo homem que se recusa a entrar na vida santa está no deserto, difamando a pátria da alma. Por quarenta anos, Israel peregrinou sem rumo. Deus estava com eles. Deus não os destruiu; pelo contrário, deixou-os morrer um a um. Às vezes os punia, mas não os destruiu como nação.

FRACASSOS ESPIRITUAIS

Recuso-me a ficar desanimado por qualquer coisa, mas o meu coração pesa de andar entre cristãos que estão rodando há quarenta anos no deserto, sem voltar para o pecado, mas sem também entrar na vida santa. Vagando em círculos sem propósito, às vezes um pouco mais quentes, às vezes um pouco mais frios, às vezes um pouco mais santos e às vezes muito profanos, mas nunca avançando. Adquiriram hábitos difíceis de quebrar, e é quase certo que viverão e morrerão como fracassos espirituais. Para mim isso é terrível.

Um homem resolve ser advogado e gasta anos estudando leis e finalmente abre seu escritório. Logo ele descobre algo no próprio temperamento que lhe impossibilita ser um bom advogado. É um completo fracasso. Está com 50 anos,

A Vida Crucificada

foi admitido na ordem aos 30 e, vinte anos depois, não foi capaz de se estabelecer como advogado. Como advogado, é um fracasso.

Um empreendedor compra um negócio e tenta operá-lo. Ele faz tudo o que sabe, mas simplesmente não consegue fazer o negócio progredir. Ano após ano, as contas estão no vermelho, e ele não obtém nenhum lucro. Toma emprestado o que consegue, encontra um pouco de ânimo e um pouco de esperança, mas esse ânimo e essa esperança morrem, e ele vai à falência. Finalmente ele vende tudo, com uma dívida impossível, e torna-se um fracasso no mundo dos negócios.

Uma mulher é educada para ser professora, mas simplesmente não consegue conviver com as outras mestras. Algo em sua constituição ou em seu temperamento não lhe permite um bom relacionamento com crianças ou jovens. Então, depois de ser jogada de uma escola para outra, finalmente desiste, vai para algum lugar e arranja um serviço no qual lida com uma máquina grampeadora. Ela simplesmente não consegue ensinar e é um fracasso no mundo da educação.

Conheço ministros que pensavam terem sido chamados para pregar. Eles oraram e aprenderam grego e hebraico, mas de algum modo não conseguiram fazer o público ouvi-los. Simplesmente não conseguiram. Eram fracassos no mundo congregacional.

É possível ser cristão e, ainda assim, ser um fracasso. Isso é o mesmo que Israel no deserto, vagueando. Os israelitas eram o povo de Deus, protegidos e alimentados, mas fracassados. Não estavam onde Deus queria que estivessem. Eles cederam. Estavam no meio do caminho, entre onde haviam estado e onde deviam estar. E isso descreve muitos que pertencem ao povo de Deus. Eles vivem e morrem como fracassos espirituais. Sou grato por Deus ser bom e generoso. Os fracassados podem engatinhar até os braços de Deus, relaxar e dizer: "Pai, baguncei tudo. Sou um fracasso espiritual. Não que eu tenha feito maldades por aí, mas estou aqui, Pai, estou velho e pronto para ir, e sou um fracasso".

O nosso Pai celestial, bondoso e gracioso, não dirá a essa pessoa: "Afaste-se de mim — nunca o conheci", porque essa pessoa creu e crê em Jesus Cristo. O indivíduo simplesmente tem sido um fracasso ao longo da vida. Ele está pronto para morrer e está pronto para o céu. Imagino se não foi isso o que Paulo, o homem de Deus, quis dizer, ao declarar:

> Porque ninguém pode colocar outro alicerce além do que já está posto, que é Jesus Cristo. Se alguém constrói sobre esse alicerce, usando ouro, prata, pedras preciosas, madeira, feno ou palha, sua obra será mostrada, porque o Dia a trará à luz; pois será revelada pelo fogo, que provará a qualidade da obra de cada um. Se o que alguém construiu permanecer, esse receberá recompensa. Se o que alguém construiu se queimar, esse sofrerá prejuízo; contudo, será salvo como alguém que escapa através do fogo (1Coríntios 3.11-15).

Penso que esse é o significado, certamente. Precisamos ser o tipo de cristãos que consegue salvar não apenas a nossa alma, mas também a nossa vida. Quando Ló deixou Sodoma, nada mais possuía além das roupas do corpo. Graças a Deus, havia saído. Mas teria sido muito melhor se, depois de despedir-se no portão, tivesse saído com os camelos carregados com seus pertences. Ele poderia ter saído de cabeça erguida, altivo, dizendo adeus à velha Sodoma. Seria muito melhor se pudesse ter partido dali com a família. E, quando se estabeleceu num novo lugar, poderia estar "ricamente provido" ao entrar (v. 2Pedro 1.11).

Graças a Deus, *você* vai conseguir. Mas você quer conseguir do jeito que anda agindo ultimamente? Vagando, perambulando sem destino? Quando haverá um lugar em que Jesus derramará "o óleo de alegria" sobre a sua cabeça, um lugar mais doce que qualquer outro no mundo todo, o trono da graça comprado com sangue (Salmos 45.7; Hebreus 1.9)? A vontade de Deus é que você entre no Santo dos Santos, viva à sombra do trono da graça e saia dali e sempre volte para ser renovado, recarregado e realimentado. A vontade de Deus é que você viva no trono da graça, vivendo uma vida separada, limpa, santa, sacrificial — uma vida de contínua diferença espiritual. Isso não seria melhor que o caminho em que você anda agora?

Estamos marchando para Sião
Isaac Watts (1674-1748)

Cheguemos, nós, que amamos o Senhor,
Que nossa alegria seja conhecida;
Juntar-nos em um cântico de doce harmonia,
Juntar-nos em um cântico de doce harmonia
E assim circundar o trono,
E assim circundar o trono.

Estamos marchando para Sião,
Bela, bela Sião;
Estamos subindo para Sião,
A bela cidade de Deus.

Deixemos os que se recusam a cantar
Os que nunca conheceram nosso Deus;
Mas os filhos do Rei celeste,
Mas os filhos do Rei celeste
Podem suas alegrias alardear,
Podem suas alegrias alardear.

O monte de Sião produz
Milhares de doçuras sagradas
Antes de alcançarmos os campos celestes,
Antes de alcançarmos os campos celestes,
Ou andarmos nas ruas de ouro,
Ou andarmos nas ruas de ouro.

Então que nossos cânticos se multipliquem,
E cada lágrima seja seca;
Estamos marchando pelas terras de Emanuel,
Estamos marchando pelas terras de Emanuel,
Para mundos melhores no alto,
Para mundos melhores no alto.

6

UM DESCONTENTE COM O *STATUS QUO*

"Pois quem quiser salvar a sua vida, a perderá, mas quem perder a vida por minha causa e pelo evangelho, a salvará. Pois, que adianta ao homem ganhar o mundo inteiro e perder a sua alma? Ou, o que o homem poderia dar em troca de sua alma? Se alguém se envergonhar de mim e das minhas palavras nesta geração adúltera e pecadora, o Filho do homem se envergonhará dele quando vier na glória de seu Pai com os santos anjos."

MARCOS 8.35-38

Depois da salvação, o Espírito Santo logo desperta, encoraja o novo cristão a prosseguir e insiste para que ele exorte outros a prosseguirem. A ideia de que há uma vida cristã melhor do que a maioria das pessoas conhece não é uma ideia moderna. Remonta ao Antigo Testamento e à experiência de Israel.

A história de Israel é, de fato, uma ilustração dessa verdade. Deus tirou milagrosamente os israelitas do Egito, pelo mar Vermelho, levando-os para o deserto e depois fazendo-os atravessar o rio Jordão para entrarem na terra santa. Durante todo o percurso, Israel foi conduzido por uma nuvem durante o dia e uma coluna de fogo à noite. O povo bebeu água de uma rocha, e a comida era angelical, vinda de cima. Toda a história de Israel está repleta de milagres, um após outro.

No entanto, logo vieram as mudanças. Essas mudanças não ocorreram da noite para o dia, mas gradualmente, ao longo dos anos. Devagar, mas, sem dúvida, os israelitas se moveram do centro para o perímetro. Logo se prenderam ao exterior. Em vez de serem liderados por Deus dia após dia, passaram a se contentar em viver na rotina. Faziam hoje o que fizeram ontem, porque haviam feito no dia anterior.

O FOGO DA INTERIORIZAÇÃO

É aqui que os profetas do Antigo Testamento interferiram e chamaram Israel de volta para o centro, para seguirem Javé.

É o mesmo com a Igreja hoje. Deus nos quer contentes, mas ficamos satisfeitos com meras palavras. Quando podemos simplesmente dizer algumas palavras, de certa medida satisfazemos a consciência. Amamos a forma sem adoração, mas Deus quer adoração, com ou sem forma.

Como Israel antigamente, a Igreja hoje está satisfeita com palavras, cerimônias e formas. As palavras que os profetas disseram aos israelitas são igualmente verdadeiras para nós hoje: Deus quer que tenhamos contentamento, amor e adoração — a realidade espiritual interior daquele fogo divino interno.

Quando esse fogo da interiorização se apaga, a exterioridade começa a se desenvolver. É nesse momento que Deus envia profetas e videntes para censurarem a forma vazia de culto que é meramente ritual e pleitearem aquilo que chamamos de vida mais profunda ou vida crucificada. Essa vida cristã é mais profunda que a vida da média dos cristãos e está mais perto do cristianismo ideal do Novo Testamento, que devia ser a norma.

Não é difícil ver na história da Igreja uma inclinação gradual para a exterioridade. Por vezes, Deus anima seu povo com um avivamento poderoso. Começa a derramar seu poder, e as pessoas são movidas e rompem com a exterioridade e com os

UM DESCONTENTE COM O *STATUS QUO*

rituais vãos e sem valor que ocupam grande parte de seu culto. Avançam para uma experiência com Deus acima da média e do que conheciam até aquele ponto. Muitos dos grandes hinos da Igreja surgiram desses grandes avivamentos divinos.

O MECANISMO DO INSTITUCIONALISMO

Por mais que esses movimentos divinos sejam grandes e maravilhosos, logo começa a lenta volta para a exterioridade. Uma vez que a exterioridade ganha terreno, o institucionalismo começa a prevalecer. Seguem-se então a forma, a cerimônia e a tradição. E a igreja começa a celebrar aquilo que foi e aqueles que foram. Uma cerimônia exterior substitui o fogo interior do Espírito Santo.

Os profetas de Deus censuravam isso. No livro de Malaquias, há uma pequena passagem, uma das mais adoráveis e ternas que se possa imaginar. É o testemunho do profeta Malaquias, quatrocentos anos antes dos macabeus e da vinda de Cristo. Malaquias foi o último profeta que apareceu em Israel para lhes trazer a palavra sagrada de Deus. Malaquias censurou e alertou de todas as maneiras. Exortou e instou o povo que havia caído na exterioridade e estava satisfeito com a máquina funcionando e o movimento das peças e partes, mas não se importava com o pulsar da adoração e da vida interior no coração. Eis o terno pequeno testemunho acerca daqueles que diríamos terem visto a vida cristã mais profunda:

> Depois, aqueles que temiam ao SENHOR conversaram uns com os outros, e o SENHOR os ouviu com atenção. Foi escrito um livro como memorial na sua presença acerca dos que temiam ao SENHOR e honravam o seu nome.

A VIDA CRUCIFICADA

"No dia em que eu agir", diz o SENHOR dos Exércitos, "eles serão o meu tesouro pessoal. Eu terei compaixão deles como um pai tem compaixão do filho que lhe obedece. Então vocês verão novamente a diferença entre o justo e o ímpio, entre os que servem a Deus e os que não o servem" (Malaquias 3.16-18).

Esse grupo de pessoas não era grande, mas era composto pelos chamados. Eles temiam o Senhor e falavam com frequência uns aos outros, e o Senhor se agradava, de modo que Malaquias escreveu sobre eles no livro. Aquela era a adoração de acordo com o Antigo Testamento.

O TROPEÇO DA IGREJA NO NOVO TESTAMENTO

Então chegamos ao Novo Testamento com todas as maravilhas da encarnação, crucificação, ressurreição de Cristo e o derramamento do Espírito Santo no Pentecoste. A igreja começou como Israel, antes dela, havia começado: inflamada de vida e poder. A igreja era conhecida por sua simplicidade, junto com a fé, o amor, a pureza e a adoração.

De novo, porém, o fogo interior acabou reduzido às cinzas da exterioridade. Então, de novo, Deus enviou seus profetas. Santo Agostinho encontrou Deus de um jeito maravilhoso e admirável. Ainda que vivesse na estrutura da igreja organizada, Agostinho conheceu Deus com tremor extasiado e adoração, e escreveu acerca disso em seus livros magníficos e justificadamente famosos.

Depois veio Bernardo de Cluny no século XII. Ele sonhou que algum dia visitaria Roma e, após muito esforço e preparação,

UM DESCONTENTE COM O *STATUS QUO*

conseguiu realizar seu sonho. Foi a Roma e visitou a sede da igreja. Ali viu o que ocorria. Viu a pompa e solenidade dos sacerdotes. Viu que aquela forma e cerimônia, com pouca espiritualidade verdadeira em toda parte, mesmo entre aqueles em altos postos, havia prevalecido. Aquilo feriu seu coração de tal maneira que ele voltou a seu pequeno vale e se escondeu, escrevendo seu famoso *A pátria celestial*, uma das obras literárias mais extasiantes já escritas por um ser humano na terra. Foi um clamor poderoso de um homem sedento de Deus, protestando contra todo formalismo — e particularmente contra a corrupção — que via na igreja.

São Francisco de Assis também chegou protestando contra esse formalismo na igreja. Penso que quase invariavelmente sua ordem cresceu de um grande avivamento no coração desse homem. Ele formou sua ordem para dar à religião uma chance de vida. Mal havia morrido, indo descansar com seus pais, quando o formalismo e a exterioridade voltaram a predominar. Essa tem sido a história da igreja ao longo dos anos.

Esses homens criticaram e buscaram, lutando por uma vida que era real. Deus sempre teve homens para buscarem e desejarem sinceramente ser santos e ter dentro de si o que sabiam ser o ensino da Bíblia.

O SURGIMENTO DA IGREJA PROTESTANTE

Até aqui, vim dando exemplos da Igreja católica romana, mas agora deixe-me entrar na igreja protestante. Digo a você com muita tristeza, porque devo dizê-lo, que a tendência para a exterioridade é tão forte dentro da igreja protestante quanto foi em Israel ou na igreja antes dos tempos de Lutero. É muito difícil resistir à tentação de permanecer no exterior, nas

A Vida Crucificada

palavras, tradições, formas, costumes e hábitos. Carregamos nas costas fardos inteiros de tradições que não têm espaço na obra de Deus. Jesus ensinou: "Em vão me adoram; seus ensinamentos não passam de regras ensinadas por homens" (Mateus 15.9). Se pudermos permitir que uma palavra substitua o ato, ficaremos com a palavra, não com o ato.

O vitral embaçado

Sempre que vou a uma cidade, tiro um tempo para visitar catedrais e grandes centros religiosos, quer católicos quer protestantes. Numa cidade, um homem que me guiava disse: "Essas janelas que você vê são réplicas exatas de uma famosa catedral europeia. O artista foi à Europa, copiou com precisão os vitrais da famosa catedral e os trouxe para este país. Essa é uma réplica perfeita da catedral tal e tal, com todos esses belos vitrais".

Depois disse algo mais surpreendente: "Quero mostrar algo a você. Você consegue ver o que parecem ser manchas e borrões aqui e ali? Percebe que, descendo ao longo da borda, perto da moldura, está um pouco desbotado?".

Notei isso e confirmei. "Essas janelas têm centenas de anos e estão em pé há séculos, enquanto nações e reinos se levantam e caem, e elas foram lavadas naturalmente só pela chuva. Agora guardam sobre si certo embaçamento e descoloração, além da poeira dos séculos. Alguns acreditavam que a poeira e a descoloração realmente aprimoravam e suavizavam as janelas, fazendo-as parecer melhores que antes. Assim, quando o artista foi copiá-las, não as lavaram nem tentaram copiá-las sem a sujeira. Mas copiaram a sujeira e as janelas, de modo que temos aqui não só a arte e os vitrais da catedral, mas, além disso,

UM DESCONTENTE COM O *STATUS QUO*

perfeitamente reproduzida, a poeira de centenas de anos acumulada nas janelas".

Essas janelas são uma ilustração perfeita do que aconteceu com Israel, com a igreja cristã primitiva, e do que ocorreu a cada ordem que se estabeleceu, cada nova denominação que nasceu de um desejo sincero de levar os homens a Deus. Elas ficaram como esses vitrais embaçados. A poeira dos séculos se acumula sobre elas e torna-se parte de suas crenças e parte de suas práticas, de modo que dificilmente é possível dizer o que vem de Deus e o que é um simples acúmulo de manchas dos séculos.

É exatamente isso o que temos feito nos nossos dias. Não imagine nem um minuto que ficamos sem os nossos profetas e videntes que se levantam e nos alertam, tentando nos levar de volta para Deus. Deus ainda tem os que não se satisfazem com o culto superficial. Não são todos de uma denominação, mas estão descontentes com a religião superficial. Eles anseiam por recuperar a verdadeira interioridade da fé e insistem na realidade. Não querem nada artificial; querem saber que tudo o que têm é real. Preferem ser pequenos e reais a grandes e irreais. "Até um cachorro vivo é melhor do que um leão morto!", conforme se diz no Antigo Testamento (Eclesiastes 9.4).

Assim, é melhor ter uma igreja pequena e real que uma grande igreja artificial. É melhor ter uma religião simples e real que ter uma grande cerimônia ornada apenas oca e vazia.

A exclusividade do Novo Testamento

Infelizmente, há os que nada querem à parte o Novo Testamento. Esses vivem entre todo o povo de Deus. Encontro-os aqui e acolá nas minhas viagens e creio que há alguns deles em quase todo grupo religioso. Lembre-se disto: você e eu somos levados à Bíblia, que é a rocha da qual bebemos a nossa água. Esse é o nosso maná. É a planta com a qual construímos a nossa catedral. É o nosso guia pelo deserto selvagem. É o nosso tudo em tudo, e nada mais desejamos. O povo de quem estou falando não quer nada que não esteja no Novo Testamento.

A dificuldade ao longo dos anos, em regra, não foi que os homens ensinaram falsas doutrinas, mas que não viveram de acordo com a doutrina que ensinavam. Isso não se manifesta até um reformador ou profeta aparecer para censurar a igreja por sustentar a doutrina, sem ter a realidade interior dela. Quando homens como João Wesley surgiram, não tentaram endireitar a igreja ou corrigir suas doutrinas. Eles insistiram num testemunho do coração de que as coisas ensinadas fossem reais em nós. Nós seguimos esses reformadores e profetas porque eles encontraram na Palavra de Deus a realidade para o próprio coração e nada desejavam, exceto a Bíblia. Simplesmente desejavam o que a Bíblia tinha para eles.

Esses, a respeito dos quais falo, só tinham uma fonte de riquezas, e todas essas riquezas estão em Cristo. Para eles, Jesus Cristo era suficiente. Não era Cristo mais alguma coisa. Jesus Cristo era tudo em tudo para eles, plenamente suficiente. Os que buscam uma vida cristã mais profunda e os que desejam as riquezas que estão em Cristo Jesus, o Senhor, não buscam nenhum lugar, nenhum valor, nenhuma coisa, só Cristo.

Caçadores de vantagens

Hoje em dia, muitos homens usam a religião como fonte de riquezas, fama, publicidade ou outra coisa. Usam a religião para obter algo para si. É óbvio que estão tirando vantagens do que acontece no momento, caçando os benefícios da novidade que surge, seja qual for. Tenho sobrevivido a inúmeros grupos que chegaram tentando lucrar com o que fosse popular na época.

Enquanto esses homens se agarravam ao que era popular no momento, continuei firme, pregando o evangelho. Nunca preguei a grandes multidões, pelo menos não na minha própria igreja. Mas preguei um Cristo coerente. Esse desejo de obter seguidores, de ser conhecido, de ter reputação, não é para os que estão vivendo a vida crucificada. Os que andam e vivem segundo a vida crucificada não desejam essas coisas e estão dispostos a perder a reputação, se preciso, para continuarem com Deus e prosseguir rumo à perfeição. Eles não buscam nenhum lugar, nenhum valor, nenhuma coisa. Os que têm sede de Deus não voltarão a cabeça para serem eleitos em algum lugar para alguma coisa. Só cristãos estáticos buscam posições eclesiásticas elevadas. Eles querem ser alguém antes de morrer.

Por vezes, ouço acerca da morte de algum poderoso aos olhos do mundo. Digo de imediato a mim mesmo: *E agora, irmão? Enquanto você vivia, galgou os degraus do sucesso, espezinhando outros homens em nome de Cristo e da religião. Agora está morto. Os vermes vão comer você, enquanto sua pobre alma, suja e manchada agora enfrenta o Juiz de toda a terra. E agora, meu caro?*

A VIDA CRUCIFICADA DOS QUE BUSCAM DEUS

Os que vivem a vida crucificada não buscam lugar ou riqueza, fama ou altos postos. Pelo contrário, querem conhecer Deus e estar onde está Jesus. Só conhecer Cristo — isso é tudo. Paulo disse: "Mais do que isso, considero tudo como perda, comparado com a suprema grandeza do conhecimento de Cristo Jesus, meu Senhor, por quem perdi todas as coisas. Eu as considero como esterco para poder ganhar a Cristo" (Filipenses 3.8).

Os que buscam Deus ficam profundamente insatisfeitos com meras formas. Não se pode iludi-los com berloques pintados; eles querem conteúdo.

Em *todas* as denominações, em todos os lugares, há pessoas devotas buscando a face de Jesus. E a bondade e a caridade me fazem dizer que alguns deles estão do lado de lá da cerca. Por exemplo, Thomas Merton buscava Deus. Creio que ele era um exemplo daqueles que nunca deixaram a antiga Igreja católica romana, mas conheceram Deus e o buscaram. Pessoalmente, não consigo entender por que não a deixaram, mas creio que há outros poucos desses homens e mulheres. Assim, Deus tem pessoas em toda parte, conhecidas pelo fato de odiarem meras formas. Ainda que possam conviver com elas, têm algo dentro de si que é maior que tudo isso.

Quando o Irmão Lourenço (nascido Irmão Nicolau), autor de *Praticando a presença de Deus*, estava em seu mosteiro, disse:

> Aprendi sozinho a orar para Deus. Eu simplesmente falava com Deus o tempo todo, tudo o que estava fazendo — lavando louça, viajando, o que fosse — estava falando com meu Pai celeste. Desenvolvi tal senso da presença de Deus perto de mim, que nunca perdi por quarenta anos. Não preciso das formas deles. Eles me deram horas marcadas para orar, e eu fiz isso. Fui obediente. Orava nas horas estabelecidas, mas isso não era nada mais do que eu fazia em todos os outros momentos. Eu tinha aprendido sozinho o segredo interior da comunhão com Deus. Eu já tinha encontrado Deus e estava em comunhão com ele o tempo todo.

O Irmão Lourenço fazia o que lhe era ordenado e sorria, mas dizia que aquilo não significava nada.

O PROGRESSO DO CRISTÃO MEDIANO HOJE

O progresso do cristão mediano hoje não é suficiente para satisfazer os anseios daqueles que buscam Deus. Eles querem algo melhor. O cristão mediano hoje não faz muito progresso espiritual. Ele se converte, una-se à igreja, e cinco anos depois está de volta ao ponto onde começou. Dez anos depois, ainda está onde estava ou até um pouco atrás. Isso não é satisfatório para os que buscam Deus, têm sede e fome dele. "Como a corça anseia por águas correntes, a minha alma anseia por ti, ó Deus. A minha alma tem sede de Deus, do Deus vivo" (Salmos 42.1,2). Esse é o testemunho de quem busca Deus. Ele não permitirá que o lento progresso de alguém o detenha.

Esses buscadores de Deus são impacientes com os substitutos oferecidos hoje. Quando você não tem algo real dentro de si, tenta conseguir algo no exterior que simule algo real. É conhecido o fato de que, quando o fogo desaparece na fornalha, pintam o exterior para dar a impressão de que o fogo continua.

Infelizmente, a igreja também age assim. E isso inclui até as igrejas evangélicas e as do "evangelho pleno". Algo do coração se perdeu, de modo que enfeites e penduricalhos são usados do lado de fora para fingir que há algo real no interior. Mas não se consegue enganar os que buscam Deus com esse tipo de coisa. Eles têm discernimento.

A que ponto chegamos, em que o povo de Deus não é impactado o bastante pelo Calvário, com um homem morrendo na cruz sobre um monte nos arredores de Jerusalém? E não um simples homem, mas o Deus-homem, morrendo pelos pecados do mundo? Por que isso os deixa indiferentes e intocados? O surgimento das artes cênicas modernas agora toma conta do protestantismo. O que se iniciou como uma sementinha cresceu. A semente do dragão gerou mais dragões. Os que buscam Deus não gostam do que está acontecendo, mas os santos de coração faminto não querem isso, de modo que leem com grande entusiasmo a vida dos santos nos livros devocionais de séculos passados. Mas onde ficam as *ações*?

A COMUNHÃO DOS PROFETAS

Pergunto se você já leu *Sermões sobre o Cântico dos Cânticos* ou *Deus há de ser amado*, de Bernardo de Claraval. Você porventura leu *A noite escura da alma*, de São João da Cruz? Ou *A escala da perfeição* ou *O aguilhão do amor*, de Walter Hilton? Ou *A emenda da vida*, de Richard Rolle? Ou *A vida do servo* ou *O pequeno livro da sabedoria eterna*, de Henrique Suso? Ou os grandes sermões de John Tauler e Mestre Eckhart? E quanto à *Imitação de Cristo*, de Thomas à Kempis? Ou a *Introdução à vida* devota, de Francisco de Sales? Ou *A nuvem do desconhecido*, ou *As cartas de Samuel Rutherford*, ou as obras de Guilherme Law, ou as cartas de François Fénelon, ou o diário de John Fox? E quanto aos escritos de Nicolau de Zinzendorf, Andrew Murray, John Wesley e A. B. Simpson? Esses homens se levantaram como os profetas de Israel e não mudaram a própria doutrina; simplesmente a professaram contra a exterioridade vazia do mundo. Eles procuraram recapturar a glória que estava em Jesus Cristo, o Senhor, de adoração e oração e do desejo de ser santo.

Esses homens formaram uma comunhão sagrada ao longo dos anos. Mas não os encontro, de modo algum, na corrente principal do movimento evangélico atual. Há homens no movimento evangélico atual que são simplesmente comuns, sem sede de Deus. Eles ressoam seus sermões semana após semana, fazem pequenas viagens aqui e acolá, pescam e jogam golfe por aí e depois voltam para pregar. Seguem adiante e passam a vida desse modo. Mas não se consegue falar muito tempo com eles, porque não há nenhuma substância para comentar após alguma conversa fiada.

Nem todos os pregadores são assim. Há aqueles com quem podemos falar horas sem fim e conversar sobre Deus e Cristo. Essas pessoas são práticas, limpas e serenas, e não têm simpatia por falsas doutrinas, mantendo distância dos extremos da excitação e do fanatismo. Elas só querem saber de Deus e de serem santas. Querem buscar a face de Jesus até brilharem com a luz dele.

Descrevi essas pessoas porque o que realmente quero saber é se descrevi você. Não se trata de saber a que profundidade você chegou, mas se está com a roupa de mergulho. Não pergunto a distância que a flecha alcançou, mas se ela saiu do arco. Não se você é perfeito, mas se tem sede da perfeição. Ou sua religião é social? Você está satisfeito com a religião do tipo "uma vez no domingo"?

Deus deu a você o vento, a chuva e um corpo para abrigar a sua maravilhosa alma. Ele concedeu a você uma mente maravilhosa e muitas habilidades. Ele o sustenta, o apoia, mantém seu coração batendo e espera receber você adiante. Mas você joga migalhas para ele, de modo que Deus fica com as sobras? Deus só consegue os restos do seu tempo, e você ainda diz que é seguidor do Cordeiro? Não se engane. Você não é, se não entrar fundo na vida crucificada.

Você está cansado de exterioridade e tem sede de Deus? Eu tenho sede de Deus. Isso não é conversa de velhos nem resultado de algo que eu tenha lido, exceto a Bíblia. Isso tem crescido em mim com os anos. A única coisa gratificante que tenho à parte de minha comunhão com Deus é o conhecimento de que não estou só na jornada. Deus tem em todos os lugares os seus que se revoltam contra fingimentos, textualismos, exterioridade e tradições. Eles querem buscar Deus pelo que ele é, conforme revelado nas Escrituras pelo Espírito Santo.

Deus tem o seu povo, mas não há muitos nesse povo. Você é um?

Castelo forte é nosso Deus
Martinho Lutero (1483-1546)

Castelo forte é nosso Deus, escudo e boa espada;
Com seu poder defende os seus, a sua Igreja amada.
Com força e com furor nos prova o Tentador,
Com artimanhas tais e astúcias infernais
Que iguais não há na terra.

A nossa força nada faz, estamos nós perdidos,
Mas nosso Deus socorro traz e somos protegidos.
Defende-nos Jesus, o que venceu na cruz,
Senhor dos altos céus, que, sendo o próprio Deus,
Triunfa na batalha.

Se nos quisessem devorar demônios não contados,
Não nos podiam assustar, nem somos derrotados.
O grande acusador dos servos do Senhor
Já condenado está, vencido cairá
Por uma só palavra.

UM DESCONTENTE COM O *STATUS QUO*

Sim, que a Palavra ficará sabemos com certeza,
Pois ela nos ajudará com armas de defesa.
Se temos de perder família, bens, poder,
E, embora a vida vá, por nós Jesus está
E dar-nos-á seu Reino.

7

ROMPENDO COM A INÉRCIA E AVANÇANDO

Foi para a liberdade que Cristo nos libertou.
Portanto, permaneçam firmes e não se deixem submeter
novamente a um jugo de escravidão.

GÁLATAS 5.1

Um dos grandes problemas que remonta à igreja primitiva é o dos cristãos estáticos. O cristão estático é o atrasado em seu progresso espiritual. Esse é um problema que também precisamos enfrentar hoje na Igreja cristã. O grande desafio é como conseguir que tais cristãos se interessem e se tornem mais que crentes do tipo mediano que vemos em toda parte. Assim, muitos cristãos são estáticos ou estão tornando-se estáticos na experiência cristã.

O apóstolo Paulo disse: "Vocês corriam bem. Quem os impediu de continuar obedecendo à verdade?" (Gálatas 5.7). Assim, o progresso espiritual é interrompido, freado e não vai a lugar nenhum — é estático. Junto com isso há uma falta de dinâmica moral que todo cristão deve conhecer. Creio que, se prestássemos atenção, ouviríamos Deus dizer: "Aquele que tem ouvidos ouça o que o Espírito diz às igrejas" (Apocalipse 2.7). Se pudéssemos ouvir o que o Espírito está dizendo hoje, ouviríamos:

A Vida Crucificada

"Meu servo Moisés está morto. Agora, pois, você e todo este povo preparem-se para atravessar o rio Jordão e entrar na terra que eu estou para dar aos israelitas. Como prometi a Moisés, todo lugar onde puserem os pés eu darei a vocês" (Josué 1.2,3).

Creio sinceramente que vamos ouvir o Espírito de Deus dizer: "Avancemos até a perfeição". Vamos seguir além do arrependimento dos pecados passados, além do perdão e da purificação, além da concessão da vida divina. Vamos primeiro ter certeza de que esses pontos estão estabelecidos com absoluta segurança. Não pode haver vida mais profunda antes que primeiro seja estabelecida a vida. Não se pode fazer nenhum progresso no caminho até estarmos no caminho. Não pode ocorrer nenhum crescimento antes do novo nascimento. Todos os esforços rumo à vida mais profunda, a vida crucificada, só trarão desapontamento, a menos que tenhamos resolvido as questões relativas ao arrependimento de obras mortas, ao perdão dos pecados, à recepção da luz divina e à conversão.

Quero esmiuçar para você duas exigências muito importantes da vida crucificada. Esses dois elementos serão de grande ajuda no rompimento da condição estática. Primeiro, viver a vida crucificada implica abandonar completamente o mundo. Segundo, vida crucificada significa voltar-se totalmente para o Senhor Jesus Cristo. Essa é a ênfase da Bíblia nos dois Testamentos, Antigo e Novo, e a fórmula padrão que chegou a nós dos primeiros dias da igreja. Você a encontrará escrita nos grandes hinos da Igreja e nos grandes livros devocionais que atravessaram os anos. Esses dois fatores são necessários para o cristão que deseja prosseguir e romper a condição estática da própria vida para tornar-se um cristão que cresce, movimenta-se, progride e é dinâmico.

ABANDONANDO COMPLETAMENTE O MUNDO

É inteiramente possível ser religioso, ir à igreja todo domingo e ainda não ter abandonado, de modo algum, o mundo. A prova é que você pode encontrar cristãos professos em qualquer lugar onde encontra não cristãos. Quero ser o mais liberal e justo possível nisso. Suponho que há lugares em que você não encontrará um homem afirmando ser cristão. Não sei se entre os criminosos que habitualmente destroem seus rivais — tirando-os do lugar onde estão e atirando neles — você encontrará ou não algum cristão professo. Sei, porém, que certos criminosos, ao morrerem — baleados ou de qualquer outro jeito —, foram ouvidos murmurando algo sobre terem fé em Deus, e suponho que pensaram ter sido escoltados para o Reino de Deus. Alguns, porém, fazem muito esforço para colocar esses homens sanguinários no Reino de Deus, sem salvação, sem bênção, sem perdão. Homens que nem têm tempo de dizer: "Deus, tem misericórdia de mim, pecador". As pessoas tentam colocá-los no céu simplesmente realizando um culto religioso ou dizendo que o criminoso pertencia a essa ou àquela religião.

Lembro-me de um jovem assassino sentenciado à morte na cadeira elétrica na prisão do condado de Cook. Sua morte havia sido marcada para certo dia, mas a data foi alterada porque caía originariamente num feriado da religião dele. Não queriam matá-lo num dia santo para ele. Assim, trocaram o dia de sua morte para honrar o feriado religioso.

A Vida Crucificada

Dessa forma, você encontrará cristãos — ou alguns que alegam ser cristãos — em quase todo lugar. Não se inventou nenhum esporte violento ou agressivo o suficiente para não encontrarmos cristãos por perto assistindo, com um Novo Testamento no bolso da calça. Acho que não existe em nenhum lugar algum prazer mundano em que você não encontre um participante cristão. É possível ser religioso e não abandonar o mundo. É possível abandonar o mundo no corpo, sem nunca o abandonar no espírito. É possível abandonar o mundo exteriormente e ainda ser mundano por dentro. Mas ninguém pode ser cristão no sentido correto da palavra sem ter abandonado o mundo.

Freiras isoladas

A situação entre as freiras é exatamente essa — abandonar o mundo e voltar-se totalmente para Cristo —, mas não para todas elas. Não digo isso por ser protestante, mas porque li o que as freiras dizem a respeito de si mesmas. Grandes almas cristãs tentaram reformar freiras no século XIII e conseguir que fossem na vida interior o que eram na vida exterior, visível. Elas foram escondidas do mundo e tiveram o corpo vestido de certo modo, para mostrar que eram separadas do mundo. Mas algumas dessas grandes almas declararam que essas mesmas pessoas que se separaram do mundo eram mais mundanas que algumas que não se haviam separado.

Grandes autores devocionais empenharam-se para despertar a igreja da época deles para que as freiras pudessem ser por dentro o que professavam ser exteriormente. Um desses autores foi Walter Hilton, que viveu duzentos anos antes do nascimento de Lutero, de modo que ele nunca ouviu falar sobre o protestantismo ou a Reforma. Mas esse cristão inglês tinha tanta fé que escreveu uma série de cartas para as freiras de certo convento e as alertou quanto a esse exato problema. A série de cartas é chamada *A escala da perfeição*. É um livro mais que maravilhoso.

O capítulo de abertura é dedicado a esse assunto. Hilton desafia as irmãs a viverem no interior o que aparentam no exterior. Em essência, ele diz: "Vocês saíram do mundo e fecharam a porta sobre si mesmas para vestirem certos trajes que indicam que estão separadas do mundo. Agora cuidem para não levar o mundo com vocês para dentro do convento e serem tão mundanas como eram quando andavam pelas ruas. Lembrem-se de que é o abandono do mundo no seu coração o que as faz deixarem de ser mundanas".

Hilton alerta com urgência que é inteiramente possível vestir o hábito de freira, viver num convento e ainda ser mundana por dentro. É possível abandonar o mundo no corpo, mas não no espírito. Nunca é possível, porém, abandonar o mundo em espírito se ele não é abandonado na prática.

Satisfação incerta

É necessário mencionar isso porque alguns cristãos supostamente liberais fariam quase tudo o que qualquer um faria. Percebi que tudo o que você precisa fazer é acrescentar "para Deus" ou "para Jesus" a alguma coisa e, vejam só, aquilo que a igreja vem repudiando e cristãos sinceros abandonaram há anos torna-se repentinamente santificado. "Estou fazendo isso para Deus." "Estou fazendo isso para Jesus."

Basta você colocar essas frases propositivas ao final e algo que nunca foi considerado correto pela Igreja ao longo

A Vida Crucificada

de gerações de repente parece certo. Essa atitude domina quase tudo o que o mundo já fez. Um dia desses, ainda vou ouvir falar da Associação dos *Barmen* Cristãos que estão "fazendo isso para Jesus". "Ah, não somos como o mundo. Não estamos servindo esse veneno só em nosso nome. Antes de aceitar Cristo, costumávamos fazer isso para nós mesmos e pelo dinheiro que ganhávamos, mas agora estamos fazendo isso para Jesus." A situação não chegou tão longe ainda, mas é questão de tempo — estamos a caminho. Tudo o que precisamos fazer é esperar um pouco, e acabaremos santificando quase tudo dizendo que o estamos fazendo para Jesus.

Aviso que você não pode fazer para Jesus algo que ele mesmo não faria. Você não pode fazer por Deus algo que o próprio Deus proibiu e contra o qual voltou os cânones do julgamento. A única coisa que posso fazer para Deus é aquilo que é santo como ele, e a única coisa que posso fazer por Jesus é o que Jesus consentiu, permitiu e ordenou que eu fizesse. Mas é contraditório viver como o mundo e dizer: "Estou separado do mundo em espírito, e não preciso separar-me do mundo porque estou separado em espírito". Sei de onde veio essa ideia. Se você aspirasse um pouco, qual seria o cheiro? Enxofre. Porque essa declaração vem do inferno e certamente pertence a ele, não à Igreja de Cristo. Não é possível abandonar o mundo em seu espírito e não abandoná-lo na realidade. Deixe-me ilustrar o que quero dizer.

Alguns exemplos bíblicos

Considere Noé. Deus disse a Noé: "Vou destruir o mundo. Faça uma arca para mim; faça com madeira de cipreste" (v. Gênesis 6.13-14). Noé obedeceu.

ROMPENDO COM A INÉRCIA E AVANÇANDO

Agora suponha que eu tivesse pregado sobre a separação do mundo e dissesse a Noé: "Noé, você não acha que deve entrar na arca?".

"Por quê?", perguntaria Noé. "Essa ideia é ultrapassada. Afinal, o que é o mundo?"

A Igreja atual não consegue concordar sobre o que significa "o mundo". De acordo com o ensino moderno, "sou separado do mundo em meu coração, mas vou permanecer aqui mesmo na terra e dormir sob arbustos e comer das árvores e viver como as outras pessoas. Mas não serei do mundo porque estou separado no meu coração".

O que teria acontecido a Noé se tivesse essa atitude? Logo estaria soltando bolhas, quando as fontes do grande abismo se abrissem, a chuva descesse e o dilúvio cobrisse o topo das montanhas. O corpo de Noé teria flutuado e afundado junto com o resto. Entretanto, Noé sabia que abandonar o mundo significava abandonar o mundo. A Bíblia diz que ele foi para a arca, e Deus fechou a porta (v. Gênesis 7.16).

Agora considere Abraão. Deus disse a ele "Saia da sua terra, do meio dos seus [...] e vá para a terra que eu lhe mostrarei" (Gênesis 12.1). Abraão poderia ter dito: "Recebi um chamado de Deus para abandonar o meu país e o meu povo e seguir para outra terra. Mas não acho que deva entender isso literalmente. Acho que significa abandonar no espírito. Então vou viver aqui mesmo em Ur dos caldeus e seguirei para a terra santa em espírito".

Ridículo. Abraão teve de sair do país de fato e então, partiu com Ló e sua família. Ele teve de abandonar um lugar para entrar em outro.

Tome *Ló* como outro exemplo. Ló finalmente chegou a Sodoma e se tornou oficial da cidade. Os anjos vieram a ele e disseram: "Fuja por amor à vida! Não olhe para trás" (Gênesis 19.17).

Ló poderia ter dito: "Vamos fazer um painel de discussão sobre 'Fuja por amor à vida e não olhe para trás'. Qual o significado disso?". Estando envolvido na discussão, debatendo o assunto, o fogo teria caído e destruído Sodoma e Ló, junto com o restante. Mas Ló sabia que "Fuja por amor à vida" significava sair de Sodoma e permanecer fora, pois o fogo estava chegando.

A comunidade cristã

Quando os primeiros cristãos ouviram que o amor ao mundo e às coisas do mundo significava que eles não amavam a Deus, não discutiram sobre o significado de "mundo" ou até onde poderiam chegar sem deixar de agradar a Deus. Eles saíram do mundo; eles se separaram completamente de tudo o que tinha o espírito do mundo. Como resultado, fizeram recair sobre a própria cabeça a fúria do mundo.

O mundo daquela época ainda existe hoje. O grande Deus Onipotente cedo ou tarde confirmará essa verdade, mas o mundo agora não é diferente de quando crucificaram Jesus e martirizaram os primeiros cristãos. É o mesmo mundo. Adão sempre é Adão, não importa onde você o encontre, e ele nunca muda. O motivo pelo qual nos damos tão bem com o mundo é que comprometemos a nossa posição e permitimos que ele nos conduza, enquanto temos pouca permissão para conduzir o mundo. O resultado é que bem poucos entre nós estão de algum modo incomodados com o mundo.

O que a igreja precisa temer é tornar-se aceita na comunidade. Uma igreja aceita pela comunidade mundana jamais

ROMPENDO COM A INÉRCIA E AVANÇANDO

é uma igreja cheia do Espírito Santo. Uma igreja que esteja cheia do Espírito Santo, separada do mundo e andando com Deus, jamais será aceita por alguma comunidade mundana. Ela sempre será considerada excêntrica. Podem estabelecer leis para nos proteger, e a civilização pode ser tal que os cristãos não sejam fisicamente atacados, mas os cristãos crucificados serão considerados um tanto divergentes do que se considera normal.

Já se sugeriu que todo cristão deveria entrar num traje espacial, voar alto e ficar o mais longe possível da terra. Não estou dizendo isso. *Estou dizendo* que há um mundo que não é o mundo a que Deus se refere quando diz "Não amem [abandonem] o mundo". Você precisa trabalhar e viver, beber e dormir, tomar banho e crescer, gerar descendentes e criar seus filhos no mundo que Deus criou. Não é a esse mundo que me refiro.

O mundo que precisamos abandonar é aquele que se organiza e se preenche de incredulidade. O mundo que passa a se divertir, a se edificar sobre dúvidas, incredulidade e justiça própria. Jesus estava no mundo, mas não era do mundo. Não há contradição aqui no que estou dizendo. Há uma distinção entre aquela parte do mundo que é dada por Deus, na qual os cristãos plantam, colhem, semeiam, trabalham e vivem seguindo os mandamentos de Deus. Deus queria que assim fosse, e isso não é "mundanismo". Mundanismo é a soberba da vida e o desejo daquilo que os olhos veem e o anseio da alma ambiciosa por posições e por tudo o que o mundo faz em razão do pecado que existe nele. Isso inclui tudo o que é o mundo que transborda em milhares de coisas que a Igreja tradicionalmente rejeita.

VOLTE-SE TOTALMENTE PARA O SENHOR JESUS CRISTO

Assim, o primeiro passo é abandonar completamente o mundo que é todo negativo e voltar as costas para ele. Ao fazê-lo, você se volta para o Senhor Jesus Cristo, que é todo positivo. É impossível ter um positivo sem um negativo. A bateria do seu automóvel tem positivo e negativo. Se fosse 100% positiva, não funcionaria. E, se fosse 100% negativa, também não funcionaria. É preciso haver um equilíbrio de positivo com negativo.

Há os que querem pregar todos os positivos, mas os positivos não existem sem os negativos. Há também os que querem pregar só os negativos, uma lista de todas as coisas que você não pode fazer. Mas você não pode ter o amor sem o ódio. Você não pode ter a luz sem a escuridão. Um segue o outro.

Se devo seguir inteiramente o Senhor Jesus Cristo, preciso abandonar tudo o que é contrário a ele. O seguir é contingente ao abandonar. O positivo deve ser equilibrado com o negativo.

É isso o que define viver a vida crucificada, não a mudança completa de direção. Isso é negativo. Você pode abandonar o mundo, parar de jogar, parar de beber, parar de fumar, parar de viver para o mundo, parar de ir a qualquer lugar de prazeres mundanos, parar de dançar. Você pode parar com todos esses negativos e não ter condições de participar de nenhuma vida de qualquer tipo. Mas esses negativos são necessários para que possa haver o positivo.

O positivo é que você se volta para Jesus Cristo. Isso é o que dá poder e autoridade e a profunda satisfação de "alegria indizível e gloriosa" (1Pedro 1.8). O negativo jamais pode brilhar. O negativo nunca pode ser musical. O negativo nunca pode ser fragrante. Um homem pode viver numa caverna, deixando tudo para trás com grande desgosto, como o tempo no vácuo. Pode escapar para a floresta, viver numa caverna e mesmo assim não ter nenhum poder, nenhum brilho de alegria, nenhuma glória interior. Isso só ocorre quando se volta para Jesus Cristo. E os dois podem ocorrer num ato. Se estou voltado para o norte e Deus ordena que eu me volte para o sul, posso fazer isso com um movimento simples. Assim, quando Deus diz para você abandonar o mundo e voltar-se para Cristo, isso pode ser feito com um movimento, um ato livre e fácil. O ato de deixar o mundo é o meu ato de voltar-me para Cristo. Nem sempre ocorre desse jeito, mas pode ocorrer.

Suponha que alguém tivesse grande poder e decidisse fazer algo com as trevas. Suponha que esse alguém tivesse uma porção de duendes ou anjos ou algo assim sob seu comando e dissesse: "Estou cansado dessa escuridão. Quero que vocês livrem os céus da escuridão". Suponha que ele tivesse mil, 1 milhão ou 10 milhões de duendes (ou algum outro tipo de ser imaginário) com vassouras, e as criaturas varressem dos céus todas as trevas. Ainda estaria escuro. É só esperar o sol nascer. O nascer do sol fará o que toda varredura dos céus jamais conseguirá fazer. É só esperar o sol, é tudo.

Imagine um jovem que não bebe um refrigerante porque a bebida é mundana. Aí ele senta perto do balcão de refrigerantes e fica perturbado com uma garrafa de soda na frente dele e reclama que se sente um tanto mundano. Bem, ele é só um infeliz. Nunca vi um cristão feliz que, ainda assim, tivesse escrúpulos com relação ao mundo ou estivesse preocupado com ele. Nunca.

Também nunca vi um cristão feliz que, ainda assim, não fosse tomado por Jesus Cristo, o Senhor. O sol nasce, e a escuridão vai embora. Nenhuma criatura no Universo pode limpar toda a escuridão dos céus; só o Sol pode fazer isso. Quando o sol nasce de manhã, quebra a escuridão; as nuvens fogem, e as sombras desaparecem.

Assim, quando nos voltamos de todo o coração para Jesus Cristo, nosso Senhor, encontramos a vida mais profunda, a vida crucificada. Encontramos nele o poder para amadurecer e a satisfação e a "alegria indizível e gloriosa". Quando voltamos os nossos olhos para o Filho de Deus, e o nosso coração é tomado pela pessoa dele, cada instrumento dentro do nosso coração musical soa, e a música começa. Então desponta a radiação, e, como Pedro disse, "exultamos com alegria indizível e gloriosa".

É isso o que quero dizer com voltar-se para a vida crucificada. Esses dois atos podem ser realizados de uma só vez. Deixe o mundo e volte-se para Cristo. E todas as coisas naturais, como, por exemplo, comer, beber, comprar, vender, casar — todas as coisas que Deus criou para serem feitas e não são do espírito do mundo, mas são naturais e de Deus — serão santificadas. Elas se tornarão combustível para o fogo do altar de Deus. Assim, as coisas comuns, que consideramos seculares, já não serão seculares para nós. As coisas mundanas já não serão mundanas, mas celestiais. O ato mais comum pode ser realizado para a glória de Deus quando damos as costas para o mundo e os modos do mundo e contemplamos a face do Filho de Deus. O sol brilhará, e nem todos os duendes do inferno conseguirão apagar sua luz.

O inferno pode enviar uma legião de demônios para apagar a luz solar, e eles poderiam seguir desesperadamente o Sol em torno da Terra e jamais seriam bem-sucedidos na tarefa de manter seus raios longe da Terra, porque, quando o Sol brilha sobre a Terra, há raios de sol. Assim, o inferno não consegue destruir a terra ou interromper a felicidade espiritual de sua visão da face de Jesus. Somos tão livres quanto o Filho da justiça "trazendo cura em suas asas" (Malaquias 4.2).

Você vai dar as costas para o mundo e voltar-se totalmente para Cristo? Isso romperá para sempre a condição de ser um cristão estático.

Todo teu — Senhor, eu quero ser
Alfred C. Snead (1884-1961)

Todo teu — Senhor, eu quero ser
Todo entregue, Senhor, a ti.
Depois de tudo no altar deixar, toda entrega fazer,
Tu pagaste meu resgate; eu me apresento a ti.

Todo teu — vida, tempo e tudo,
Tudo o que me deste, ao teu chamado.
Fala para mim uma palavra, grato te seguirei,
Agora e eternamente obedecerei a meu Senhor.

Todo teu — prata e ouro,
Teu, quem me deu riquezas indizíveis.
Tudo, tudo pertence a ti, pois me compraste,
Para ainda mais teu ser, Jesus, meu Senhor.

Todo teu — Senhor, sou teu;
Todo teu, Salvador divino!
Vive tua vida em mim; toda plenitude habita em ti;
Não eu, mas Cristo em mim, tudo em tudo, Cristo.

8

O GRANDE OBSTÁCULO À VIDA CRUCIFICADA

Confie no Senhor de todo o seu coração e não se apoie em seu próprio entendimento; reconheça o Senhor em todos os seus caminhos, e ele endireitará as suas veredas.

Provérbios 3.5,6

Paulo era um homem que sabia em que cria e onde estava. Ele conhecia Deus e tinha uma confiança cósmica, mas esse mesmo homem não tinha nenhuma confiança em si. Paulo era grande, mas não confiava em si próprio.

Diante dos homens, Paulo era firme como leão; mas, diante de Deus, tudo o que podia dizer contra si mesmo não era bastante. Quando estava diante de Deus, Paulo realmente não tinha nenhuma confiança em si. Sua confiança em Deus era inversamente proporcional à confiança em si próprio. O nível de autoconfiança de Paulo era tão baixo quanto era alto o nível de confiança que ele tinha em Deus.

O que entendo por "autoconfiança"? Simplesmente a respeitabilidade e a convicção pessoal que vêm por meio da educação. É o que você aprende e o que seus amigos dizem sobre você e o melhor que você pode dar. A autoconfiança é o último grande obstáculo à vida crucificada, e é por isso que giramos em torno do profundo rio divino como animais em volta de uma cisterna, com medo de entrar porque a água pode ser muito funda. Nunca compreendemos isso direito.

Quero citar um homem de nome fantástico: Lourenço Scupoli (1530-1610). Foi um daqueles católicos estranhos que, em vida, era considerado mais ou menos herético por causa de sua cultura evangélica.

Ele escreveu um livro intitulado *O combate espiritual*, um manual prático para a vida. Scupoli começa ensinando que a essência da vida é a luta contínua contra os nossos desejos egoístas. Scupoli diz que o meio para ganhar a luta é substituir os nossos desejos de autossatisfação por atos de caridade e sacrifício. Quem não faz isso perde e sofre a eternidade no inferno. Quem o faz, sem confiar na própria força, mas no poder de Deus, triunfa e será feliz no céu.

Scupoli analisa algumas situações comuns da vida real e aconselha quanto à maneira de lidarmos com elas para manter a nossa consciência limpa e aumentar a nossa virtude. Qualquer um que continue agindo contra Deus é a causa de tudo o que é ruim. Todo bem vem de Deus, cuja bondade é ilimitada. Scupoli escreveu:

> Tão necessária é a autodesconfiança nesse conflito que, sem ela, você será incapaz, não apenas para alcançar a vitória desejada, mas até para superar a menor de suas paixões. Que isso fique bem impresso em sua mente; pois nossa natureza corrupta nos inclina muito facilmente a uma falsa noção de nós mesmos; de modo que, nada sendo na realidade, nos consideramos alguma coisa e presumimos, sem o menor fundamento, nossa própria força.

O GRANDE OBSTÁCULO À VIDA CRUCIFICADA

Essa é uma falta que não discernimos com muita facilidade, mas muito desagradável para Deus. Pois ele deseja e ama ver em nós um reconhecimento franco e sincero dessa verdade mais que certa, de que toda virtude e graça que está em nós deriva somente dele, a fonte de todo bem, e que nada de bom pode proceder de nós, nem ao menos um pensamento pode encontrar aceitação aos seus olhos.[1]

Por que a autoconfiança é tão errada? A autoconfiança é errada porque usurpa Deus. Deus diz: "Pode um homem roubar de Deus? Contudo vocês estão me roubando. E ainda perguntam: 'Como é que te roubamos?' Nos dízimos e nas ofertas" (Malaquias 3.8). Temos roubado de Deus e tomado aquilo que a ele pertence. Paulo declara que Deus é a fonte de tudo, e nada, nem mesmo os bons pensamentos, pode sair de nós, a menos que venha antes de Deus (v. Romanos 11.35,36). Se você ignora o fato de que Deus é a fonte de tudo e considera fonte o *eu* convertido e santificado, isso é péssimo, porque a confiança final em Deus é removida. O *eu* julga Deus e o homem, e considera Deus menor do que é, e o homem, maior do que é. Esse é o nosso problema.

Estude teologia e aprenda como Deus é a origem e a fonte de todas as coisas. Aprenda sobre os atributos de Deus e veja se em seu coração você ainda acredita que Deus é menor do que é, e você, maior do que é. Pense na Lua. Se a Lua pudesse falar como os homens e ter uma personalidade, diria: *Brilho sobre a Terra e sempre que estou por perto a Terra fica linda.* Se alguém pudesse responder à Lua, falaria: "Ouça, você não faz isso por si. Você não sabe que foi estudada e desvendada? Você não brilha

---

[1] Padre dom Lourenço Scupoli, **O combate espiritual**, cap. 8. Rio de Janeiro: Louva a Deus, 1996.

de jeito nenhum. Você só reflete a luz solar, então, na verdade é o Sol que brilha".

Então o *eu* vem socorrer a Lua. "Você está deixando sua luz brilhar e fazendo um bom trabalho", diz. "Quando não está no alto, um lado inteiro da Terra fica no escuro. Mas, quando aparece, um lado brilha, e consigo ver filas de casas. Você está fazendo um serviço excelente". A Lua não diria: "A glória é de Deus, porque é só pela graça de Deus que sou assim". O tempo todo a Lua está pensando que brilha.

Quando a Lua está brilhando, é apenas a luz solar refletida. E, se a Lua realmente compreendesse, poderia brilhar com ousadia e falar disso, porque saberia que não está brilhando. Assim também, Paulo sabia que não tinha em si mesmo nada condizente com o céu. Ele só tinha a graça de Deus. Era Deus, não ele. Ele não confiava em si mesmo de modo completo e radical. Nenhum homem pode realmente conhecer a si mesmo; ele não é capaz de saber o que sente.

Todos acham que sabem como soam até se ouvirem num gravador. Uma das coisas mais humilhantes que já me aconteceu foi quando gravaram um sermão meu. Pela primeira vez ouvi o som da minha própria voz, e aquela gravação não mentiu para mim. Até então, diziam que eu pregava com boa voz. Aí ouvi por mim mesmo, e ninguém mais precisa falar sobre *isso*. Ouvi a mim mesmo e sei como soa. Nenhum homem conhece o som da própria voz até se ouvir, e nenhum homem sabe como é fraco até ser exposto por Deus; e ninguém quer ser exposto.

É importante compreendermos como é perigoso confiar nos nossos bons hábitos e nas nossas virtudes. Só Deus pode levar-nos ao ponto de compreendermos que a nossa força é na

O GRANDE OBSTÁCULO À VIDA CRUCIFICADA

realidade a nossa fraqueza. Qualquer coisa em que podemos apoiar-nos ou confiar pode ser a nossa ruína. Não percebemos como somos fracos até o Espírito Santo começar a expor essas coisas para nós.

LIDANDO COM A AUTOCONFIANÇA

A pergunta que preciso apresentar é simplesmente: Como aprendemos essa autodesconfiança? Basicamente, Deus usa quatro meios diferentes para lidar com essa questão. Eles são apoiados e confirmados por escritores devocionais, grandes autores de hinos e biógrafos cristãos. São tecidos como um fio em comum pela vida dos que se dedicam a viver a vida crucificada.

Um clarão de inspiração santa na sua alma

Creio que o primeiro e melhor meio para lidar com a autoconfiança é Deus lançar um clarão de inspiração santa na sua alma, expondo-a. Isso aconteceu a muitas pessoas. Por exemplo, aconteceu com o Irmão Lourenço. Em *Praticando a presença de Deus*, ele escreveu que, por quarenta anos, nunca ficou fora da presença consciente de Deus: "Quando tomei a cruz e decidi obedecer a Jesus e percorrer essa via santa, concluí que teria de sofrer muito". Depois ele disse algo muito estranho: "Por algum motivo, Deus nunca me considerou digno de muito sofrimento. Ele simplesmente me permitiu continuar confiando nele e deixei de lado toda a minha autoconfiança e venho confiando completamente em Deus". O Irmão Lourenço estava vivendo a vida crucificada, crendo que Cristo estava nele, em torno dele e perto dele. E orava o tempo todo.

Deus lançou alguma inspiração santa no coração de lady Juliana de Norwich e, por causa das revelações que ela recebeu, soube instantaneamente que não era boa e que Jesus Cristo era tudo. Ela permaneceu nessa posição até morrer. Penso que, provavelmente, é o meio mais fácil de entender isso — o Senhor nos dar uma explosão doce e repentina de inspiração santa dentro do nosso coração, mostrando-nos o nosso verdadeiro *eu*. Evidentemente, é aqui que nossa doutrina pode interferir. Podemos crer em todo conselho de Deus, e a nossa vida pode ainda estar de tal maneira infestada de orgulho, a ponto de esconder a face de Deus. É esse orgulho que nos impede de prosseguirmos vitoriosos. Isso não pode ser corrigido por uma preleção sobre a doutrina correta. Em lugar disso, precisamos que o Espírito Santo nos mostre a verdadeira condição da nossa alma. Precisamos que ele nos revele como somos maus e nos tire do nosso atoleiro espiritual.

Disciplina física imposta por Deus

Outro meio pelo qual Deus lida com a nossa autoconfiança está no campo físico. Muitas pessoas têm dificuldade em acreditar que Deus realmente pode causar danos físicos ao nosso corpo. Mas as Escrituras sustentam o fato de que a dor física é um dos meios efetivos de Deus para lidar com uma pessoa indisciplinada.

O Antigo Testamento está repleto de exemplos de sofrimentos físicos impostos por Deus, mas é provável que Jó se destaque acima dos outros. Uma leitura superficial da história de Jó pode não identificar o verdadeiro problema que ele enfrentou. Decerto Jó era bom, e as Escrituras deixam isso claro. O problema era que ele era bom e sabia disso. Se você é bom, mas não sabe, Deus o pode usar. Entretanto, se você sabe como é bom e notável, deixa de ser um veículo pelo qual Deus pode enviar sua bênção.

O GRANDE OBSTÁCULO À VIDA CRUCIFICADA

O único meio pelo qual Deus podia chegar ao centro do problema de Jó era a dor física. Às vezes esse é o único modo que Deus tem para conseguir a nossa atenção. Ele é capaz de usar esse método para lidar com os problemas de orgulho e autoconfiança. E o sofrimento enviado por Deus às vezes não pode ser curado por remédio algum. É claro que a única cura para tal enfermidade física é renunciar a nós mesmos e nos humilhar diante de Deus.

Ninguém gosta de falar sobre essas coisas hoje. Todos queremos ouvir pensamentos inspiradores e alegres que nos façam sentir bem. É por isso que, para conseguir que muita gente vá à igreja hoje, precisamos de guizo no pescoço, de um serrote musical ou de um cavalo falante para oferecer alguma diversão e uma dose de entretenimento àqueles que ficam entediados com a Palavra de Deus simples e básica. Ninguém quer ouvir de disciplina física ou dor. Afinal, cremos na cura.

Provações e tentações extremas

Outro método que Deus usa para desenvolver a autodesconfiança são as provações e as tentações extremas. Ouvindo alguns pregadores e lendo alguns livros, é fácil concluir que, depois que a pessoa nasceu de novo, acabou: nada de provações ou tentações. Os que creem no enchimento do Espírito Santo também comunicaram de algum modo a ideia de que esse é o fim de toda experiência cristã. Mas a Bíblia nos diz que, depois de ser cheio do Espírito, Jesus foi levado ao deserto para algumas tentações severas.

Quando um cristão enfrenta uma provação ou uma tentação difícil ou extrema, ele é tentado a jogar a toalha, dizendo: "Deus, não adianta. Não sou bom. Obviamente, o Senhor não me quer, então estou perdido". Enquanto isso, ele se esquece de que Deus nos deseja ensinar, por meio dessas provações e tentações, que a autoconfiança é perigosa e não podemos contar com ela. Às vezes, quando algo nos faz explodir de raiva, pensamos que tudo acabou, em vez de entender que isso é uma prova de que não somos cristãos maduros. Precisamos entender a explosão como prova de que estamos mais perto do nosso lar eterno hoje do que estávamos ontem. Precisamos compreender que o nosso Pai celeste está permitindo que essas coisas nos aconteçam para nos fazer parar de confiar em nós mesmos e nos levar a depender exclusivamente do Senhor Jesus Cristo.

Alguns acham que o arrependimento deve ser um caso de expulsão que inclui derrotar a si mesmo. Penso que precisamos começar no arrependimento, mas então vem um tempo em que simplesmente entregamos tudo a Deus e deixamos de fazer essas coisas. Esse é o melhor arrependimento do mundo. Se você fez na semana passada algo de que se envergonha, e sente-se culpado e condenado, simplesmente diga: "Eu me arrependo". Entregue isso ao Senhor, fale com ele a respeito, e depois deixe de praticá-lo.

Qual o propósito dessas provações e tentações severas que às vezes nos fazem fracassar? Não é mostrar que você não é cristão de verdade. Pelo contrário, é mostrar que a sua consciência é sensível e que você está muito perto de Deus. O Senhor está tentando ensinar aquela última lição para você ver-se livre da autoconfiança. Quanto mais perto de Deus você estiver, tanto mais sensível será a sua consciência diante do Senhor, e tanto mais severas serão as suas provações e tentações. Alguns na Igreja mentem para nós, dando a entender que a vida cristã é

O GRANDE OBSTÁCULO À VIDA CRUCIFICADA

desprovida de dificuldades, problemas e provações. A verdade é exatamente oposta.

Grandes personagens da Bíblia lançam alguma luz sobre o assunto. Lembra-se da tentação de Jacó? Lembra-se da tentação de Pedro? Ao longo das Escrituras (e de toda a história da Igreja), inúmeros indivíduos enfrentaram grandes provações e tentações. Hebreus 11 nos apresenta muitos desses heróis da fé — os que suportaram provações e tentações extremas na vida.

Às vezes uma provação chega e corremos para a Bíblia, sacamos uma citação e dizemos: "De acordo com as Escrituras, bem aqui, conseguimos". Temos certa confiança em nós mesmos. Pensamos que sabemos exatamente o que está acontecendo. O problema é que *não* sabemos o que está acontecendo, e assim Deus lidará com a nossa autoconfiança.

Deus certamente conhece os nossos sentimentos. Ele sabe que temos tanto orgulho da precisão com que dividimos a Palavra da verdade e do modo pelo qual destrinchamos um texto bíblico como um açougueiro preparando um frango para o churrasco. Com palavras todas cuidadosamente perfiladas e sabendo exatamente onde colocar o dedo aqui ou ali, você é esperto demais para ser abençoado por Deus. Você sabe demais, mas o querido Pai celestial sabe que você na realidade não sabe de nada. Ele deixa as coisas acontecerem até você reconhecer que não sabe o que está acontecendo. Os seus amigos também não sabem. E, quando você busca alguém em quem possa confiar, a pessoa também não é capaz de o fazer. Essa é uma notícia realmente boa.

Seria de fato terrível se tivéssemos algum São Francisco sagrado a quem todos pudéssemos recorrer para descobrir onde estamos, o que está acontecendo conosco e em que consiste a vida. Deus nos ama demais para isso. Ele está tentando nos ensinar a confiar nele, não nas pessoas — a depender dele, não das pessoas. Tenho muito receio de que as pessoas comecem a acreditar e a confiar em mim. Entretanto, não tenha medo! Deus me tira as muletas de vez em quando só para ver se pode confiar em mim.

Como cristão, você conhece alguns dos meios usados por Deus para ensinar seu povo. Como cristão, você ama a Deus, mas está enojado com toda incoerência do mundo. Está enojado com toda incoerência na igreja. O seu coração clama por Deus como a corça anseia por águas correntes. O seu coração e a sua carne clamam pelo Deus vivo. Apesar de tudo isso, porém, você ainda confia em si mesmo. Você testifica que ama a Bíblia e que o seu tempo de oração é precioso, mas a sua tendência ainda é confiar em si mesmo.

É mais difícil lidar com essa tendência porque não falamos mais sobre isso. Esse ensino deixou a igreja evangélica e fundamentalista há uma geração. Hoje em dia, quando alguém se torna cristão, todos batem em suas costas, dizendo: "Glória a Deus, irmão, você nasceu de novo!".

Ah, mas o Senhor diz: "Isso é só o começo". As Escrituras ensinam que Deus exultará por nós com alegria e canto. Esse não é o retrato de um Deus irado. Antes, é um quadro de um Pai amoroso que é eternamente paciente conosco, seus filhos. Deus não nos está julgando. Deus só deseja que seus filhos cresçam e se desenvolvam até se tornarem cristãos plenamente desenvolvidos. Às vezes, para realizar isso, Deus nos faz passar por provações e tentações severas e duras. Mas o destino é a perfeição cristã na pessoa do Senhor Jesus Cristo.

Os rastros dos antigos santos

Posso condensar o quarto meio usado por Deus para lidar com a nossa autoconfiança em um pensamento simples: Procure em volta os rastros dos santos exatamente onde você está agora. Você não está sozinho nessa jornada. Procure em volta os rastros e descubra quem os deixou. Você perceberá que os rastros são dos grandes santos que viveram em eras passadas.

Não estou interessado em nenhum dos rastros modernos. Só estou interessado naqueles rastros que atravessaram séculos. Se você olhar em volta e encontrar esses rastros, descobrirá que todos seguem na mesma direção. Descobrirá que eles seguem os rastros de Jesus. Todos estão seguindo na mesma direção. Olhe com cuidado, e você verá alguns deles voltando um pouco para trás ocasionalmente, mas também verá que acabaram encontrando o caminho e voltaram a seguir Jesus. Todos estão seguindo Cristo.

CONFIE EM DEUS

Agora, o cristão absolutamente alegre e confiante pode esperar o mesmo. Você quer que o Senhor faça algo em seu favor, não? Quer que ele venha sobre você com uma onda de graça. Como congregação, queremos ver de novo a reforma ou um avivamento descer sobre nós com poder. Queremos ver poder na nossa vida individual. Queremos que o Espírito Santo venha sobre nós e demonstre seu poder. Queremos ver tudo isso, mas precisamos cuidar para não tentar conseguir isso por nós mesmos.

Não pretendo tentar criar nada. Você não pode subir a escada de Jacó sem suor, transpiração e trabalho duro. O trabalho de Deus não depende de nenhum planejamento humano.

Raramente sei para onde está rumando a jornada da minha vida, mas, depois de passar um ano por ali, olho para trás e vejo que a minha trilha tem sido relativamente reta. Busco Deus, escrevo as minhas orações, espero nele e faço-o lembrar, mas nada parece acontecer. Parece que não estou indo a lugar algum, e então, de repente, as coisas brotam ao meu redor. Olho para trás e vejo que Deus esteve dirigindo cada passo meu, e eu nem percebi.

Eu não sabia para onde estava indo, mas, olhando para trás, consigo ver onde estive. Não penso que devamos sempre olhar para trás, mas pelo menos devíamos ser capazes de olhar para trás e ver o terreno por onde Deus nos tem conduzido — os vales e as planícies pelos quais ele nos fez passar porque nos ama, apesar do que somos.

Quanto mais a minha confiança repousa em Deus, tanto menos confio em mim mesmo. Se realmente desejamos viver a vida crucificada, precisamos livrar-nos da autoconfiança e confiar apenas em Deus.

Damos a ti o que é teu
William W. How (1823-1897)

Devolvemos o que é teu,
Seja a dádiva qual for;
Tudo o que temos é só teu,
Depósito teu, ó Senhor.

Que tua generosidade, assim,
Possamos como verdadeiros mordomos receber,
E gratos, como nos abençoaste,
A ti nossas primícias dar.

Ah, corações estão feridos e mortos,
E lares desguarnecidos e frios,
E cordeiros por quem sangrou o Pastor
Estão afastados do rebanho.

Consolar e abençoar,
Encontrar um bálsamo para a aflição,
Cuidar do solitário e do órfão
É o trabalho dos anjos embaixo.

Libertar o cativo,
A Deus levar o perdido,
Ensinar o caminho da vida e da paz
É ser semelhante a Cristo.

E cremos em tua Palavra,
Por mais tênue que seja nossa fé;
O que por ti fazemos, seja o que for,
Para ti fazemos, ó Senhor.

PARTE III

· · · · · · · ·

OS PERIGOS

DA VIDA

CRUCIFICADA

9

O PREÇO DA VIDA CRUCIFICADA

Mas o que para mim era lucro, passei a considerar como perda, por causa de Cristo. Mais do que isso, considero tudo como perda, comparado com a suprema grandeza do conhecimento de Cristo Jesus, meu Senhor, por cuja causa perdi todas as coisas. Eu as considero como esterco para poder ganhar a Cristo.

FILIPENSES 3.7,8

Quando Deus chama um homem para que o siga, chama-o para que o siga a qualquer custo. O inimigo pode fazer o pior, mas, se o homem está nas mãos de Deus, nenhum dano lhe sobrevém. Ninguém pergunta quanto custaria para alguém se tornar um grande jogador de futebol. Ou quanto custaria para alguém se tornar um advogado bem-sucedido. Ou quanto custaria para alguém se tornar bem-sucedido nos negócios. Todos sabem que, quanto mais importante o objeto, mais alto o preço. O que custa pouco ou nada, vale exatamente esse tanto. O desafio diante de nós é simples: O que estamos dispostos a pagar, sacrificar ou rejeitar para progredir na vida crucificada?

A história da Igreja e as biografias cristãs estão repletas de exemplos do que as pessoas se dispuseram a pagar para viver a vida crucificada. Os mártires da Igreja formam uma linhagem longa e gloriosa. Da perspectiva do mundo natural, esse tipo de vida não parece glamoroso. No entanto, quando olhamos do ponto de vista de Deus, a perspectiva é totalmente diferente. O primeiro mártir cristão foi Estêvão, que morreu aos pés de Saulo, mais tarde o grande apóstolo Paulo. Tenho certeza de que a morte de Estêvão causou grande impressão no jovem Saulo.

Nenhuma pessoa bem informada negará que, nos últimos cinquenta anos, tem ocorrido um declínio contínuo na qualidade espiritual da religião cristã. Não me refiro ao liberalismo ou ao modernismo, mas àquela ala evangélica do cristianismo à qual pertenço por convicção teológica e escolha pessoal. Creio que a situação se tornou tão séria que o observador sincero é forçado a questionar se a nossa religião evangélica popular de hoje é de fato a fé verdadeira dos nossos pais ou simplesmente alguma forma de paganismo levemente disfarçado com um verniz de cristianismo para torná-lo aceitável aos que desejam denominar-se cristãos.

Visite *sites* de igrejas, e o seu coração ficará apertado. Chegamos a este estado precário por causa de uma ênfase quase fanática na graça, chegando à total exclusão da obediência, da autodisciplina, da paciência, da santidade pessoal, do chamado para levar a cruz, do discipulado e de outras doutrinas neotestamentárias igualmente preciosas. Essas doutrinas não harmonizam com a doutrina da graça do modo que ensina a maioria dos pais modernos da Igreja. Certamente, ainda que esses ensinos não sejam negados, são ou deixados à morte por negligência ou relegados a uma nota de rodapé com tantas explicações e interpretações que deixam de ser efetivos.

A graça que surpreendeu os nossos pais — que os colocou de joelhos em lágrimas e adoração com tremor — tornou-se, por familiaridade mortal, tão mundana que quase não

O PREÇO DA VIDA CRUCIFICADA

nos afeta. Aquilo que era tão maravilhosamente precioso para os morávios, os metodistas e seus descendentes espirituais tornou-se algo sem valor para uma geração de cristãos devotada às próprias conquistas e entretida em seus próprios prazeres.

DIETRICH BONHOEFFER

Na minha mente, um homem sintetiza o que alguém precisa pagar ou renegar pela vida crucificada. Esse homem foi Dietrich Bonhoeffer, que viveu sob a sombra do louco niilista Adolf Hitler.

Bonhoeffer estava na casa dos 30 quando os nazistas chegaram ao poder. Ele era acadêmico, teólogo e líder brilhante na Igreja confessional da Alemanha, e sua mente arguta e perceptiva lhe disse que as consequências políticas do socialismo nacional seriam uma guerra sangrenta para a Alemanha e o mundo. Seu coração cristão sensível recuou diante da inacreditável malignidade de Hitler e seu bando de assassinos. Como pregador do evangelho, Bonhoeffer foi corajosamente à rádio alertar sua nação para as consequências inevitáveis de um sistema político "que corrompeu e desviou flagrantemente a nação que fez do 'fuhrer' seu ídolo e Deus".[1]

Quando as nuvens de guerra se formaram sobre a Europa, Bonhoeffer deixou a Alemanha e passou a trabalhar na Inglaterra. Não levou muito tempo até que sua consciência cristã não lhe permitisse continuar num lugar seguro, enquanto seu país experimentava grande distúrbio:

---

[1] G. LEIBHOLZ, Memoir. In: BONHOEFFER, Dietrich. *The Cost of Discipleship*. New York: Simon and Schuster, 1959, p. 16. [*Discipulado*. São Leopoldo: Sinodal, 2001.]

A Vida Crucificada

"Não terei direito de participar da reconstrução da Alemanha após a guerra", disse, "se não partilhar das provações deste tempo com meu povo [...]. Os cristãos na Alemanha enfrentarão a alternativa terrível de ou desejar a derrota da própria nação para que a civilização cristã possa sobreviver, ou desejar a vitória de sua nação e com isso destruir nossa civilização. Sei qual dessas alternativas devo escolher; mas não posso fazer essa escolha em segurança."[2]

Depois de retornar à Alemanha, Bonhoeffer trabalhou para a igreja confessional e com a política clandestina. Logo foi capturado e preso pela famosa Gestapo, juntamente com outros membros da família. Dali em diante, foi mandado para diferentes prisões e campos de concentração. Durante esse período, serviu aos companheiros de prisão testemunhando, pregando, consolando e ajudando de todas as maneiras possíveis. Aqueles que o conheceram na época falam sobre sua "calma e autocontrole [...] até nas situações mais terríveis". Ele era, dizem, "um gigante diante dos homens [...] mas uma criança diante de Deus".[3]

Luterano e alemão, Bonhoeffer foi homem de notável percepção espiritual. Fazia de tudo para pregar Jesus Cristo como o Salvador e abraçou o que chamou de "graça preciosa". Disse que não devíamos tentar chegar ao céu de forma barata, pois a graça de Deus nos custaria tudo o que temos. A graça de Deus é preciosa porque custou a Cristo seu sangue, e nos custará tudo — talvez até nossa vida.

---

[2] Leibholz, Memoir. In: Bonhoeffer, *The Cost of Discipleship*, p. 17-18.

[3] Leibholz, Memoir, p. 19.

O PREÇO DA VIDA CRUCIFICADA

No início da guerra, Bonhoeffer estava noivo de uma jovem adorável. Na época, sua irmã, seu pai e outros parentes estavam vivos. Os nazistas recorreram ao velho truque totalitário: "É melhor se dobrar e calar, porque temos sua família como refém. E, se você não fizer o que mandamos, é sua família que vai sofrer". Essa era a técnica deles, de modo que disseram a Bonhoeffer: "Renda-se e cale a boca sobre a graça preciosa e a liberdade no evangelho de Jesus Cristo. Pare de alertar contra Hitler e os nazistas, ou vamos matar sua família".

Esse tipo de ameaça costumava funcionar, mas os nazistas nunca tinham encontrado um homem como Dietrich Bonhoeffer. Com a calma e a serenidade que só Cristo pode dar, Bonhoeffer respondeu: "A minha família pertence a Deus, e vocês nunca vão conseguir que eu me renda ameaçando matar a minha família".

Anos antes, Bonhoeffer havia escrito: "Quando Deus chama um homem, ele o chama para vir e morrer".[4] Em 9 de abril de 1945, no campo de concentração de Flossenburg, Bonhoeffer foi chamado para fazer exatamente isso. Ele se recusou a ser resgatado para não arriscar a vida de outros. Assim, "seguiu resoluto em seu caminho para ser enforcado e morreu com calma e dignidade admiráveis".[5]

Muitíssimos do povo alemão se haviam tornado arrogantes por orgulho nacional e se inflavam com o sucesso temporário. Assim, Deus em sua misericórdia enviou seu homem — um homem que enxergava — ao país dos cegos. Mas a nação de cegos enforcou seu profeta, cremou seu corpo e espalhou suas cinzas. Foi muito pouco depois que

---

[4] LEIBHOLZ, Memoir, p. 11.

[5] Ibid., p. 26.

A Vida Crucificada

esses mesmos cegos enfrentaram humilhação nacional e colapso final.

Sem dúvida, a maior contribuição do ministério de Bonhoeffer é seu livro *Discipulado*. Mesmo antes da guerra, esse profeta enxergava claramente. Ele escreveu: "A graça barata é o inimigo mortal de nossa igreja. Estamos lutando hoje pela graça preciosa".[6]

Só o conhecimento de que a verdade é universal e que a humanidade é exatamente igual no mundo inteiro nos permite compreender como esse jovem ministro luterano, examinando o cristianismo alemão em meados da década de 1930, pôde diagnosticar com tanta habilidade a doença que ameaça destruir a igreja evangélica uma geração mais tarde. O que me preocupa é que aquilo que Bonhoeffer disse das condições da Alemanha de então é terrível e ameaçadoramente verdadeiro em relação ao cristianismo de hoje. O paralelo é alarmante.

PERNAS MUNDANAS

Por que o povo de Deus não salta rápido e não começa a andar, crescer, subir, planar e escalar? Por que precisa ser mimado, afagado, cuidado, acompanhado e sustentado? O motivo é que nunca adquirem pernas espirituais sob o corpo, e a face de Deus está longe deles. Ou seja, pensam que é isso o que está acontecendo; a verdade é que Cristo fez plena expiação por nós, portanto não há nenhum impedimento entre o cristão e Deus. A expiação de Cristo foi tão perfeita e completa que transforma tudo o que está contra nós em algo a nosso favor. Isso transformou todos os nossos deméritos em méritos.

---

[6] Leibholz, Memoir, p. 43.

Isso moveu tudo o que estava na coluna de débito para a coluna de crédito da contabilidade. Tudo o que estava contra nós passou para o nosso lado. Essa é a maravilha da expiação em Jesus Cristo.

Assim, por que levamos tanto tempo para nos livrar desse véu de obscuridade? Por que levamos tanto tempo para colocá-lo de lado, ver o brilho do Sol e percorrer o nosso caminho rumo ao cume da nossa fé?

Não é falha de Deus, porque a divagação não faz parte do plano de Deus para nós. Deus deseja que seus filhos cresçam na graça e no conhecimento de Jesus Cristo. Deseja que prossigamos para a perfeição. Deseja que sejamos santos. Assim, por que não nos empenhamos para sermos santos? O principal problema é que gostamos demais de nós mesmos. Nós nos empenhamos para nos manter de cabeça erguida.

DE CABEÇA ERGUIDA

Tenho visto alguns chegarem ao altar em busca de piedade, mas, em regra, não tenho dó deles por estarem em luta. Alguns podem dizer: "Olhem aquilo. Não é maravilhoso?". Mas eu digo: "Sabe por que estão lutando? Estão lutando com Deus". Nunca é algo agradável de ver. Eles estão tentando manter a cabeça erguida, não querem render-se, não querem que as pessoas saibam como são desimportantes, inúteis e pequenas. Não querem que ninguém flagre a pobreza do coração deles. Assim, lutam para manter a cabeça erguida.

Homens e mulheres contemporâneos gastam bilhões de dólares por ano para manter a cabeça erguida. Rasgue a máscara de alguém comum, e você descobrirá que ele é um pobre mendigo no espírito, na mente e no coração. Tentamos esconder esse estado interior, disfarçar a nossa pobreza e preservar a nossa reputação para manter alguma autoridade para nós mesmos. Queremos ter um pouco de autoridade no mundo. Não queremos renunciar a ele por inteiro. Mas Deus quer tirar toda a autoridade das nossas mãos e nos levar para onde não reste nenhuma autoridade. Ele quer tomá-la e nunca nos abençoará até a tomar por completo. Enquanto você estiver no comando, enquanto disser "Ouça agora, Deus, vou dizer como fazer isto", você será um cristão medíocre, surdo para ouvir, frequentando retiros, igrejas e tendo todos os meios da graça à disposição, mas ainda assim não chegará a lugar algum.

Gostamos de ter um pouco de glória para nós mesmos. Estamos dispostos a deixar Deus ter um pouco de glória, mas queremos uma comissão, só um pouquinho para nós. Queremos livrar parte de nós de pagar esse preço.

Estou inclinado a pensar que algumas pessoas simplesmente nasceram para serem pequenas. Elas nunca juntam muito. Se forem ao céu, será pela graça de Deus, e não levarão nada para lá — vão seguir de mãos vazias. Elas vão entrar pela misericórdia de Deus. Esse é o único meio para alguém entrar, mas Deus deseja que você leve consigo riquezas, diamantes, pérolas, prata e ouro provados no fogo. Ele deseja que tenha uma colheita de almas. Deseja que você envie suas boas obras diante de si. Deseja que você seja um cristão produtivo e frutífero.

Contudo, muitos cristãos não terão nada para mostrar a Deus. Simplesmente não estão dispostos a pagar o preço. O autor de Hebreus disse: "Vocês se tornaram lentos para aprender" (Hebreus 5.11). Ele não podia falar aos leitores da maneira que desejava porque, ainda que tivessem tido tempo suficiente para crescer e amadurecer, isso não ocorrera.

AUTODEFESA

A verdade é que precisamos parar de nos defender, de estar sempre com os pulsos fechados. Nós tivemos uma querida senhora que costumava ajudar-nos junto ao altar. Quando ela via alguém orando com os punhos fechados, dizia: "Agora abra os punhos, querido. Orar com os punhos cerrados significa que você está agarrado a alguma coisa. Solte. Solte. Abra as mãos para Deus. É isso".

Qualquer coisa que o mantém afastado é um véu entre você e Deus, e é formado por coisas que são simplesmente bobas. Você nunca deixará de ser um cristão comum até desistir dos próprios interesses e parar de se defender. Entregue-se nas mãos de Deus e deixe-o só. Pare de tentar ajudar Deus.

Nunca aconteceu de eu ter um dente arrancado sem tentar ajudar o dentista empenhado na tarefa. Sempre que viajo de avião, tento instintivamente ajudar o piloto, inclinando-me para a esquerda e depois para a direita. Somos igualmente tolos no que diz respeito às coisas de Deus. Queremos ajudar Deus. Não. Entregue-se para Deus. Volte-se para ele e diga: "Pai, estou cansado de ser um cristão comum. Estou farto dessa mediocridade, de estar na metade do caminho de onde devia estar, de ver os outros cristãos felizes, quando eu mesmo não estou feliz. Estou enjoado de tudo isso. Quero prosseguir e conhecer-te".

Um homem teve uma grande experiência com Deus, algo que floresceu e se desenvolveu numa experiência ainda mais maravilhosa. Ele andou com Deus e tornou-se conhecido como um homem de Deus. As pessoas chegavam a ele e diziam: "Irmão, por muito tempo você foi conhecido como alguém mediano, mas de repente está coberto de bênçãos. O que aconteceu com você?".

"Bem", respondeu ele. "Não sei direito, mas aqui está o que aconteceu e como. Um dia busquei a presença de Deus e orei: 'Deus, preciso dizer uma coisa. Nunca, enquanto viver, direi em oração algo que não seja sincero'. E a partir daí tudo começou".

A MOEDA DE TROCA

A maioria dos cristãos está satisfeita vivendo a vida inteira como cristãos comuns. Eles nunca experimentam as riquezas daquilo que realmente significa ser cristão. Sem uma fome profunda e insaciável pelas coisas de Deus, não há nada dentro deles que os incite a prosseguirem rumo à perfeição. A condição da Igreja cristã de hoje é o resultado do excesso de cristãos comuns em funções de liderança. Mais uma vez, precisamos de um grande mover do Espírito Santo para rompermos a rotina espiritual e prosseguirmos para a perfeição espiritual. Esse mover precisa começar com indivíduos cristãos que estejam dispostos a entregar tudo para Deus e viver a vida crucificada.

Contudo, qual é, exatamente, a moeda associada à vida crucificada? Qual é, exatamente, a moeda que precisa ser empregada nesse câmbio? Deixe-me enumerar alguns elementos que considero necessário trocar para seguirmos adiante na nossa jornada pela vida crucificada.

Segurança

Uma das primeiras coisas que precisamos trocar é a nossa segurança. Os que insistem num ambiente seguro nunca avançarão na jornada para a vida crucificada. Dietrich Bonhoeffer não teve segurança na vida. Para fazer o que Deus queria que ele fizesse, Bonhoeffer teve de abdicar da segurança. Se a segurança fosse importante para ele, Bonhoeffer jamais teria voltado para a Alemanha e enfrentado o que sabia que enfrentaria. Se sua segurança é tão preciosa que você precisa preservá-la a todo custo, você sofrerá interferência na sua jornada na trilha da vida crucificada. A sua segurança é o preço que você paga para avançar a novas perspectivas espirituais.

Conveniência

Outro aspecto da nossa moeda ao longo dessa trilha é a conveniência. Ninguém sobre quem já li considerava conveniente a morte. A jornada pela trilha da vida crucificada será paga por "montanhas" de inconveniências. Aqueles que estão dispostos a se desfazer da conveniência progredirão para serem cristãos de índice cem.

Prazer

Talvez nunca tenha havido uma geração de cristãos mais apaixonada pelo prazer que a atual. Mas isso também faz parte da moeda com que se paga a jornada para a vida crucificada. Nenhum dos caminhantes da Igreja a considerou prazerosa. Os grandes reformadores da Igreja santificaram o prazer para fazer o que Deus tinha diante deles. Resume-se a isto: apegue--se ao seu prazer ou troque-o pelo progresso rumo à perfeição espiritual.

Popularidade

Muitos hoje tentam popularizar o cristianismo comercializando-o como se fosse um produto na prateleira de uma loja. Jamais descobri em alguma parte das minhas leituras de história que aquilo que era popular entre as multidões fosse correto.

A Vida Crucificada

Na maior parte dos casos, para seguir adiante, a maioria dos grandes homens e mulheres de Deus teve de se curvar contra o vento da popularidade. O preço do avanço deles foi a popularidade.

Sucesso mundano

Mais uma coisa que preciso mencionar entre as que devem ser trocadas nesta jornada é o sucesso mundano. Você está disposto a trocar seu sucesso nos negócios, nos esportes, em sua carreira, para prosseguir e alcançar a perfeição espiritual?

Se consideramos o sucesso da perspectiva do mundo, o ministério de Jesus foi um terrível fracasso. Todos os apóstolos falharam no que diz respeito aos critérios do mundo. Os grandes mártires da Igreja foram fracassos absolutos. De acordo com o critério do que o mundo entende por sucesso, William Tyndale, que morreu por causa de sua obra, foi um fracasso absoluto.

O homem ou a mulher que tiver disposição para trocar e render todos os aspectos de seu sucesso é aquele que prosseguirá com Deus. Não vivemos para este mundo, mas para o mundo por vir. A economia em que estamos negociando não é a deste mundo, mas a do mundo em que Jesus Cristo está preparando um lugar para nós. Temos o notável privilégio de trocar o sucesso deste mundo pelo favor do nosso Pai que está no céu.

A vida crucificada é uma proposição que custa caro. Qualquer um que estiver disposto a pagar o preço é alguém que seguirá adiante em absoluta vitória e alegre comunhão com Cristo. Cristo pagou o preço da nossa salvação; nós agora pagamos o preço da nossa plena identificação com ele e do nosso andar e peregrinação rumo à perfeição espiritual.

Ano-novo 1945
Dietrich Bonhoeffer (1906-1945)

Por bons poderes fielmente cercado,
maravilhosamente protegido e consolado
assim com vocês estes dias desejo passar
e com vocês também num novo ano entrar.

O antigo nosso coração ainda tortura
e o fardo de maus dias nos traz amargura.
Senhor, dá à nossa alma assustada
a salvação para a qual foi criada.

Se nos estendes o cálice pesado e amargo
do sofrimento, cheio até a borda,
nós o tomaremos gratos e sem tremor
das tuas mãos plenas de bondade e amor.

Mas, se ainda quiseres dar-nos alegrias
com este mundo e o brilho dos seus dias,
então nos lembraremos do passado e
entregaremos nossa vida ao teu cuidado.

Faze que chamejem as velas cálidas e claras,
que tu mesmo trouxeste para as nossas trevas.
Permite, se possível, que outra vez nos encontremos!
É a tua luz que brilha na noite, bem o sabemos.

Quando se espalhar profundo o silêncio,
faze que ouçamos aquele som intenso
do mundo que invisível se estende ao nosso redor,
de todo o teu povo que a ti está rendendo louvor.

A Vida Crucificada

Por bons poderes maravilhosamente protegidos,
esperamos consolados o que nos será trazido.
Deus está conosco de noite e de manhã,
e com toda a certeza a cada novo amanhã.

10

OS VÉUS QUE OBSCURECEM A FACE DE DEUS

Irmãos, não penso que eu mesmo já o tenha alcançado,
mas uma coisa faço: esquecendo-me das coisas que ficaram para trás
e avançando para as que estão adiante, prossigo para o alvo, a fim de
ganhar o prêmio do chamado celestial de Deus em Cristo Jesus.

FILIPENSES 3.13,14

A mensagem, os objetivos e os métodos do Novo Testamento permanecem adormecidos. Atos realizados no nome do senhorio de Jesus Cristo são senhorio só no nome. Substituindo o verdadeiro senhorio de Cristo, introduzimos a nossa própria mensagem, os nossos próprios objetivos e os nossos próprios métodos para alcançar esses objetivos que são, em todos os casos, absolutamente não bíblicos.

Seria heresia — será que se constitui uma mente radical — se você orasse pedindo que Deus purificasse a intenção do seu coração com o indizível dom de sua graça? Essa, claro, é a grande oração do autor de *A nuvem do não-saber*: "Deus [...] suplico-te que purifique a intenção de meu coração com o indizível dom de tua graça, para que eu possa amar-te perfeitamente e louvar-te dignamente".

Ansiar amar a Deus e louvá-lo dignamente deve significar mais que as palavras que você pronuncia. Deve custar-lhe tudo.

A Vida Crucificada

Seria isso heresia? Alguém deveria ser preso por isso? Deveria por isso ser condenado ao ostracismo de acordo com a nossa hinódia, de acordo com nossos livros devocionais, de acordo com a história da Igreja remontando até Paulo e de acordo com a vida de todos os santos? Não, não penso que seria.

O apóstolo Paulo disse que, para ganhar Cristo, teria renunciado a todo este mundo (v. Filipenses 3.7,8). Ele queria que todos conhecessem Cristo como uma experiência consciente, para usar uma linguagem moderna, e para receber o Reino dos céus. Informou que orava todo o tempo pedindo que Cristo habitasse no coração de cada cristão (v. Efésios 3.17). Declarou aos coríntios: "Examinem-se para ver se vocês estão na fé; provem-se a si mesmos. Não percebem que Cristo Jesus está em vocês? A não ser que tenham sido reprovados!" (2Coríntios 13.5). E aos romanos: "Se alguém não tem o Espírito de Cristo, não pertence a Cristo" (Romanos 8.9). É pela habitação de Jesus que recebemos as riquezas de Deus e vemos seu rosto sorridente.

Infelizmente, entre os cristãos e a face de Deus tem-se desenvolvido o que chamarei de "véus de obscuridade". Esses véus escondem as preciosas riquezas de Deus daqueles dentre nós que prosseguem rumo à perfeição. O efeito é que já não conseguimos ver a face sorridente de Deus.

RECONHEÇA OS VÉUS

Num dia nublado e escuro, o brilho do Sol fica obscurecido. O Sol ainda está lá, mas a nossa capacidade de aproveitar os raios solares fica grandemente reduzida. Assim é no mundo espiritual. Há certos véus que se colocam entre nós e Deus e têm efeito semelhante. Esses véus são em geral de confecção nossa. Permitimos que se desenvolvam na nossa vida e, na maior parte das vezes, nem temos consciência do impacto que exercem sobre nós. Deixe-me descrever alguns dos véus mais problemáticos.

Orgulho e teimosia

Sem dúvida os primeiros e mais fortes desses véus são o orgulho e a teimosia. Nada é mais adâmico que isso. A raiz de ambos é uma opinião inflada sobre nós mesmos. Aquilo que nos causa o maior problema é o que mais honramos.

O termo muitas vezes usado nesse sentido é a palavra "ego". Essa única palavra expressa a raiz de todos os nossos problemas com nós mesmos, com a nossa família, os nossos amigos e certamente com o nosso Deus. É quando usurpamos o lugar que cabe a Deus que ocorrem os problemas. O motivo pelo qual fazemos isso é que temos opinião mais elevada sobre nós mesmos do que sobre todos os outros, inclusive Deus.

Mesmo quando achamos que estamos errados, a teimosia nos impede de reconhecer esse fato, de modo que não conseguimos seguir adiante. O problema com o orgulho e a teimosia é que eles se concentram em nós e obscurecem a face de Deus, aquele que em todos os casos provê a solução para nossos problemas. O orgulho e a teimosia distorcem a importância da autoridade de Deus na nossa vida.

Vontade própria

Associada ao orgulho e à teimosia, está a vontade própria. O aspecto perigoso desse véu é que se trata de algo muito religioso. No mundo natural, a vontade própria é algo positivo. Levada ao contexto da igreja, contudo, pode ser devastadora.

A vontade própria sempre usurpa a vontade de Deus. À primeira vista parece muito boa, mas passe por pessoas com vontade própria e veja o que acontece. Deixe que algo desafie a vontade própria de alguém, inclusive a sua, e veja como isso é realmente. A vontade própria distorce a face sorridente de Deus e esconde o fato de que a vontade de Deus tem em mente o nosso melhor interesse a longo prazo. A vontade própria só se importa com o agora.

Ambição religiosa

A ambição religiosa é provavelmente o mais enganoso de todos os véus. Uma pessoa pode ser ambiciosa de maneira muito religiosa. Vemos isso o tempo todo. Infelizmente, a ambição religiosa em geral distorce a vontade de Deus.

Ela funciona mais ou menos assim. A maioria das pessoas deseja que sua igreja cresça e seja uma força poderosa para Deus na comunidade. E isso é admirável. Mas junto vem uma pessoa religiosamente ambiciosa que gera tanta empolgação entre o povo que este se esquece de todo propósito da comunidade. O que Deus honra não é a grandeza. Aliás, na maior parte do tempo, vastas multidões impedem o que Deus realmente quer fazer.

Alguns pastores estão empurrando suas igrejas além do escopo da autoridade divina. Algumas igrejas estão mais interessadas na política. Outras, nas questões sociais. Para outras, ainda, o grande interesse é a educação. Todas essas coisas são boas, mas nenhuma delas faz parte da comissão que Deus deu à igreja. O fato de uma pessoa simplesmente revestir algo de terminologia cristã não o torna uma obra aprovada por Deus.

A ambição religiosa distorce facilmente a aprovação de Deus sobre um grupo de pessoas.

Defesa de direitos

É aqui que encontramos muitas dificuldades. Tudo o que reclamo para mim torna-se um véu que obscurece Deus aos meus olhos. Aquilo a que não renuncio de maneira absoluta e entrego para Deus fica entre mim e Deus. Alguns cristãos acreditam que, se jejuarem o suficiente e orarem sobre algo por tempo suficiente, Deus mudará de ideia sobre certo assunto. Não nesse caso. Nem todo jejum e oração do mundo podem remover esse véu.

Depois que eu colocar tudo no altar, o brilho da face sorridente de Deus será visto. Penso que, depois que Abraão renunciou a qualquer direito sobre Isaque, passou a olhar o mundo de maneira bem diferente. Aquilo a que você se apega o puxará para baixo e o atrapalhará em sua busca da perfeição espiritual.

Medo

O pai do medo é a incredulidade. O medo distorce o aspecto sorridente da face de Deus. Acredito realmente que Deus tem em mente o melhor para mim? Ou há um pouco de medo no meu coração obscurecendo suas boas intenções? As minhas circunstâncias não servem para indicar se o divino favor sorridente está sobre mim. O medo faz que eu olhe as circunstâncias em volta em vez de levantar o olhar para a face sorridente de Deus.

Se os três filhos hebreus na fornalha acesa tivessem mais consciência do fogo em torno deles do que de Deus que estava com eles, poderiam ter ficado desencorajados. Mas eles olharam além do fogo e viram a face sorridente de Deus. Tinham tanta consciência de Deus e de seu favor sobre eles que as Escrituras nos contam que, quando saíram da fornalha, nenhum deles tinha o corpo queimado, e suas roupas nem sequer tinham cheiro de fumaça (v. Daniel 3.27).

Dinheiro

O dinheiro é outro grande véu que obscurece a face de Deus diante do cristão. Como é fácil ficar enredado numa teia de finanças. Isso inclui não só ter muito dinheiro, mas também não ter dinheiro suficiente. Salomão foi sábio, ao dizer:

> Duas coisas peço que me dês antes que eu morra: Mantém longe de mim a falsidade e a mentira; não me dês nem pobreza nem riqueza; dá-me apenas o alimento necessário. Se não, tendo demais, eu te negaria e te deixaria, e diria: 'Quem é o SENHOR?' Se eu ficasse pobre, poderia vir a roubar, desonrando assim o nome do meu Deus (Provérbios 30.7-9).

O véu do dinheiro nunca diz respeito à quantidade de dinheiro que você possui, mas a quanto o dinheiro possui você. Para a maioria de nós, não é preciso muito dinheiro para obscurecer a face sorridente de Deus. Qualquer coisa que fique entre você e Deus é o que basta.

Amizades

A amizade é o véu mais difícil e que nos causa maior pesar. As nossas amizades podem ficar entre Deus e nós. Não estou pensando só nas nossas amizades com pessoas não salvas. A minha experiência tem sido que, depois da minha conversão a Cristo, os meus amigos não salvos me deixaram. Estou pensando principalmente nas amizades que temos dentro da igreja. Às vezes essas amizades se tornam mais importantes para nós que o nosso relacionamento com Deus.

Os véus que obscurecem a face de Deus

O problema aqui é que há uma grande dose de pressões no sentido de nos ajustarmos uns aos outros. O denominador comum somos nós mesmos. Somos chamados não para nos ajustarmos uns aos outros, mas para nos ajustarmos a Deus. Nada é mais maravilhoso e encorajador que a amizade cristã, mas, quando essa amizade começa a substituir a nossa comunhão com Deus — e é fácil isso acontecer —, ela se torna um véu de obscuridade.

A nossa posição social

Para muitos de nós, esse é o véu mais difícil de tirar. A maioria de nós estabelece sua identidade pela posição que ocupa. Essas posições então determinam a nossa influência na igreja e na comunidade. Não precisamos manter uma posição importante ou de grande renda. Pode até ser uma posição à qual você se ofereceu voluntariamente. O perigo à espreita está em permitir que a nossa posição substitua a aprovação divina na nossa vida. A aprovação dos homens pode distorcer a aprovação de Deus.

Arranque os véus

Todos esses véus são aspectos da vida que, à primeira vista, parecem inocentes, mas certamente podem tornar-se algo que obscurece a face de Deus. Alguns cristãos percebem isso. Alguns compreendem essa verdade e fazem algo a respeito. Mas outros são como os israelitas. Vão a Cades-Barneia uma vez por semana por anos e depois voltam ao deserto. Então querem saber por que têm tanta areia nos sapatos.

Simplificando, eles não passarão de Cades-Barneia. Não avançarão para a terra prometida. Seguir adiante rumo a uma vida crucificada exigirá algum trabalho e compromisso da nossa parte, e uma das coisas que precisamos fazer é arrancar os nossos véus de obscuridade para que a luz da face sorridente de Deus brilhe sobre nós.

A face de Deus está sempre sorrindo, e nem todos os véus que mencionei, nem mesmo o Diabo, podem fazê-lo parar de sorrir na nossa direção. O Diabo pode soprar uma tempestade e colocá-la entre nós e a face de Deus, mas Deus ainda está sorrindo. Somos nós que estendemos os véus que obscurecem a visão.

Não tenha rivais para Deus

O nosso Deus é um amante ciumento e não suporta rivais. Qualquer rival que você venha a construir torna-se uma obstrução entre você e seu Deus. Não digo que você não está ligado a ele ou não justificado pela graça. Digo que essa maravilhosa iluminação divina, essa habilidade de amar a Deus perfeitamente e louvá-lo de maneira condigna fica velada. Fica bloqueada e derrotada e, agora, deixou de ser ensinada há uma geração.

Se você arrancar os véus e os colocar sob os pés, descobrirá que eles escondem tudo o que o incomoda. Tudo o que o amedronta passará, e nada haverá senão o céu limpo em cima. Cristo não precisa morrer de novo. Nenhuma cruz jamais precisa ser erguida novamente. Nada precisa ser acrescentado à expiação. A face de Deus continua sorrindo para seu povo; entretanto, há uma nuvem, um véu, escondendo essa face e esse sorriso.

Não se deixe enganar

Alguns dizem que a apostasia acontece entre os pecadores, mas jamais entre os cristãos. Pode acontecer com as massas, mas

Os véus que obscurecem a face de Deus

não conosco. Mas os cristãos dos dias de hoje foram ensinados que podem fazer bater o coraçãozinho e obter um sentimento quente e aconchegante de cânticos rurais, teatralismo grandioso e todo o resto que formam o culto em muitas igrejas modernas.

Não os culpo. Mas eles estão sendo enganados, e os líderes religiosos têm mentido para eles e os lesados, assim como ocorreu nos dias de Jesus. Jesus andou entre os líderes de seus dias com os olhos abertos e a visão arguta e exortou: "O que eles dizem e fazem pode ser teologicamente correto, mas não sejam como eles". Os líderes responderam: "Vamos matar esse homem". E o mataram. No terceiro dia, porém, ele ressuscitou. Então enviou o Espírito Santo para este mundo, e o Espírito é seu e meu.

Não crie limites para o Espírito Santo

Não deixe que ninguém diga quanto você pode ter do Espírito Santo. Só Deus pode dizer quanto você pode ter dele. Falsos mestres o instruem a não ficar empolgado e fanático, mas não lhes dê ouvidos.

A geração passada foi levada a igrejas e comunidades evangélicas. O que agora é fundamentalismo em pouco tempo será liberalismo. Precisamos ter o Espírito Santo de volta nas nossas igrejas. Precisamos ter a face de Deus brilhando e velas acesas iluminando a nossa alma. Precisamos perceber, sentir e conhecer a maravilhosa iluminação divina daquele que disse: "Eu sou a luz do mundo" (João 8.12).

Dizer isso faz de mim um fanático? Se isso é fanatismo, então, ó Deus, mande-nos mais fanatismo. O verdadeiro fanatismo é quando você vai contra as Escrituras, acrescenta coisas e interpreta mal a Palavra de Deus. Mas nenhuma linha

A Vida Crucificada

da Palavra de Deus foi mal interpretada por aquilo que estou dizendo aqui. Tudo é baseado na doutrina da fé — a fé dos nossos pais que ainda vive.

Pare de vaguear

A questão é: Você está disposto a arrancar os véus do orgulho e da teimosia, da vontade própria, da ambição religiosa, da defesa de direitos, do medo, do dinheiro, das amizades e da posição social? Você está disposto a esmagá-los sob os pés?

Talvez você esteja sob esses véus há muito tempo. Você tenta contorná-los orando, mas não funciona. Você precisa colocar esses véus sob os seus pés e erguer-se sobre eles. Precisa afastar todas essas coisas que existem entre você e a paz de Deus e olhar para a luz do sol. Então relaxe. Não há nada mais que você possa fazer. O nosso Deus aguarda, otimista, querendo ajudar você. Ele está querendo fazer isso; aliás, ele está ansioso para fazê-lo.

Não cruze os braços e não se deixe desanimar. Talvez você tenha estado em muitos altares e lido tantos livros que ficou confuso. Arranque os véus entre você e Deus e se deite ao sol de seu sorriso eterno. Pois até que o povo de Deus coloque os véus sob os pés, nada acontecerá.

Eu recebo, ele assume
A. B. Simpson (1843-1919)

Aperto a mão do Amor divino,
Reclamo a graciosa promessa
E acresço à dele meu selo
"Eu recebo" — "Ele assume".

Eu te recebo, bendito Senhor,
Entrego-me a ti,
E tu, de acordo com tua palavra,
Assumes por mim.

Recebo a salvação plena e gratuita,
Por meio daquele que deu a vida por mim,
Ele assume tudo o que serei,
"Eu recebo" — "Ele assume".

Eu o recebo como minha santidade,
Meu espírito imaculado, veste celestial,
Recebo o Senhor, minha justiça,
"Eu recebo" — "Ele assume".

Recebo o Espírito Santo prometido,
Recebo o poder do Pentecoste,
Para me encher e transbordar,
"Eu recebo" — "Ele assume".

Eu o recebo por sua estrutura mortal,
Recebo minha cura por seu nome,
E toda a sua vida ressurreta reclamo,
"Eu recebo" — "Ele assume".

Simplesmente o recebo por sua palavra,
Louvo-o, pois minha oração escuta,
E reclamo minha resposta do Senhor,
"Eu recebo" — "Ele assume".

11

A ESTRANHA PERSPICÁCIA DO CRISTÃO

Tudo posso naquele que me fortalece.

Filipenses 4.13

O objetivo diante de nós é conhecer Cristo. Precisamos aprender dele, conhecer o poder da ressurreição de Cristo, ser conformados à sua morte, experimentar em nós o que temos em Cristo. Para isso, temos de considerar "tudo como perda, comparado com a suprema grandeza do conhecimento de Cristo Jesus" (Filipenses 3.8). Permita-me entrar num limbo e declarar algo de que não tenho certeza; é um palpite sagaz baseado no conhecimento das leis espirituais. É simplesmente isto: uma vez que a pessoa começa sua jornada de viver a vida crucificada, durante sua primeira fase dessa jornada, experimenta algumas das piores semanas da vida. É nesse ponto que muitos desanimam e desistem. Os que perseveram descobrem que, em vez de chegarem a um sol claro e brilhante, bem diante deles encontram-se mais desalentos, dúvidas e enganos.

Em vez de o elevar, esse tipo de ensino joga você ao chão. Mas deixe-me explicar: Os que foram assim desencorajados — os que bateram a cabeça no teto ou rasgaram o queixo na calçada — e sofreram algum tipo de derrota são os mesmos que estão chegando mais perto de Deus. Os que não são afetados

— os que ainda podem ser mundanos e não se importam com isso — fizeram o progresso mínimo. Mas os que descobriram coisas ocorrendo contra eles — aqueles que anseiam e clamam pela vida crucificada, os que esperam que Jesus Cristo os lidere e se surpreendem por estarem sendo desencorajados por ele —, esses provavelmente não percebem que estão muito perto do Reino de Deus.

"QUE ELE POSSA VER SIMPLESMENTE PELA GRAÇA"

Quero dar a você outra frase curta: "Que ele possa ver simplesmente pela graça". Ou em linguagem moderna: "Que vejam os que conseguem ver pela graça de Deus". Ou na linguagem da Bíblia: "Aquele que tem ouvidos, ouça!" (Mateus 11.15; Marcos 4.9; Lucas 8.8).

Discordo um pouco do autor anônimo de *A nuvem do não-saber*. Se a pessoa não conseguia ver, ele simplesmente se afastava. Ele de fato declarou: "Não quero ver tagarelas e amantes do dinheiro. Quero que eles nem olhem meu livro". Ele era bem intransigente quanto a isso.

Sou um pouco mais flexível. Vou dizer que Deus peneira os que não conseguem ver para continuar conduzindo pela graça os que conseguem enxergar. Lembre-se: ainda que o número dos escolhidos seja semelhante ao da areia no mar, só um remanescente será salvo (v. Gênesis 22.17; Ezequiel 6.8). Ainda que muitos possam ter esfriado, sempre há um remanescente.

Lemos sobre a vida de Adoniram Judson e dizemos: "Deus, quero que faças isso comigo". Lemos sobre a vida de D. L. Moody e dizemos: "Senhor, quero que faças para mim o que fizeste para Moody". Queremos dizer para Deus como fazê-lo e ao

A ESTRANHA PERSPICÁCIA DO CRISTÃO

mesmo tempo queremos reservar um pouco da glória e manter algumas áreas da nossa vida fora da cruz. O que realmente queremos é uma crucificação técnica. Ficamos muito felizes ao ouvir outra exposição do capítulo 6 de Romanos, sobre como estamos crucificados com Cristo, mas poucos na realidade desejamos isso de fato.

Até que nos coloquemos nas mãos de Deus e o deixemos fazer o que quiser conosco, seremos exatamente o que somos: cristãos medíocres cantando canções felizes para não ficarmos completamente deprimidos e tentando manter-nos da melhor maneira possível. E, enquanto agimos assim, não estamos alcançando nenhum progresso rumo à vida crucificada e não sabemos o que é a experiência de ser um com Deus. O nosso coração precisa ser purificado, e o nosso verdadeiro propósito deve ser amá-lo perpetuamente e louvá-lo como ele merece. Então poderemos ser cheios de seu Espírito e andar em vitória.

Você não sabe o que significa ver Deus e depois se afastar, deixando-o cuidar da sua vida como ele quer. Você tem medo disso. Você espera que ele seja bom, acredita que ele é bom e sabe que a Bíblia diz: "Deus tanto amou"; mas você ainda teme que, se deixar a sua vida nas mãos de Deus, algo ruim vai acontecer.

"Veja quem pela graça pode ver." Vamos assentar-nos, envelhecer e esperar o agente funerário. Vá às conferências ano após ano, sem ganhar nada com isso. Ouça sermões ano após ano, sem aprender nada. Estude a Bíblia ano após ano, mas não faça nenhum progresso, mal conseguindo manter o queixo fora da água. Somos estranhamente perspicazes em resolver a nossa vida cristã para poder obter um pouco de glória e seguir o nosso caminho em vez de entrar no caminho de Deus.

François Fénelon fez uma observação interessante: "Somos estranhamente perspicazes em buscar perpetuamente o nosso próprio interesse; e o que o mundo faz abertamente e sem se envergonhar, os que desejam ser dedicados a Deus também fazem, mas de maneira refinada". Seria engraçado se não fosse verdade. Evidentemente o homem, que não poderia inventar nada, *pode* inventar um meio de buscar os próprios interesses.

CINCO RECURSOS ENGENHOSOS DOS CRISTÃOS

Parece haver cinco maneiras pelas quais caímos nessa estranha perspicácia. A primeira é *buscar os nossos próprios interesses enquanto buscamos os interesses espirituais sob a alegação de serem interesses divinos.* Servir a si mesmo é onde começa a estranha perspicácia dos cristãos. Sob o disfarce e a alegação de buscar o interesse divino, temos uma maneira esperta de servir aos nossos próprios interesses. Nós nos tornamos muito hábeis nisso. Mas só enganamos a nós mesmos, achando que estamos "cuidando dos negócios de nosso Pai", quando na realidade estamos cuidando dos nossos próprios interesses.

Um pastor pode falar em edificar a igreja e gastar o tempo realizando a obra do Reino para a glória de Deus. Ele pode ser bastante eloquente nisso, mas o que realmente está fazendo é promovendo-se de maneira desavergonhada, ao mesmo tempo que diz: "Estou fazendo isso por amor a Jesus". Quando se analisa mais fundo, porém, realmente é o trabalho dele, a influência dele, a ambição dele. Esse é o verdadeiro motivo de estar fazendo isso.

Músicos podem seguir no ministério de música a pretexto de servir ao Senhor, enquanto estão ao mesmo tempo se promovendo. Há uma linha fina entre a autopromoção e a exaltação de Cristo. Essa linha às vezes se torna tão tênue que as pessoas realmente não sabem de que lado estão. Embora finjam estar buscando os interesses de Deus, estão presas à autopromoção. Queremos que Deus tenha a glória, mas ao mesmo tempo gostaríamos de receber uma pequena comissão por todo o trabalho que realizamos. Afinal, Deus está "usando-nos para sua glória"; e nós *precisamos* ganhar a vida.

Uma segunda maneira é *falar sobre a cruz e viver à sombra dela, mas nunca realmente se render a ela.* Não encontro muitas pessoas falando sobre a cruz ultimamente. Mas os poucos que mencionam a cruz parecem apenas viver à sombra desse ensino. Eles nunca realmente se rendem à cruz como um instrumento de morte para si mesmo. Queremos morrer na cruz, mas, no último momento, sempre parecemos encontrar um jeito de nos salvar.

Nada é mais fácil de falar do que morrer na cruz e nos entregar, mas nada é mais difícil do que realmente fazer isso. Falar é fácil; o que realmente importa é fazer. Alguns cristãos têm pintado a cruz com pinceladas românticas. A vida plenamente entregue é glamorizada e popularizada, mas raramente concretizada. Podemos falar sobre nós mesmos subindo à cruz, mas parece que no último momento sempre encontramos uma razão para dar meia-volta.

Uma terceira via é *implorar que o Espírito Santo nos encha e ao mesmo tempo rejeitar a obra de Cristo em nós e manter as coisas sob o nosso controle.* Acho que outra estranha habilidade entre os cristãos está na área do Espírito Santo. Seria difícil encontrar um cristão sem interesse em ser cheio do Espírito Santo. É evidente que uma variedade de definições dessa doutrina circula há anos, toldando o ensino claro da Palavra de Deus. Deixando isso de lado por enquanto, todo cristão *realmente* deseja ser cheio do Espírito Santo. Até encontro cristãos que pedem a Deus que os encha do Espírito. O único problema é que, quando Deus começa a movê-los, eles rejeitam esse mover.

Eles querem que Deus assuma todo o controle da vida deles, mas ao mesmo tempo querem manter tudo sob o próprio controle. O Espírito Santo nunca encherá um homem ou uma mulher que não aceita render-se ou entregar a ele todo o controle da vida inteira. Mantenha um compartimento de sua vida afastado do Espírito Santo, e isso o entristecerá de tal modo que ele não poderá seguir adiante.

De novo, circulam ideias românticas sobre a obra do Espírito Santo na vida do cristão. Mas quero salientar que a obra do Espírito Santo pode ser às vezes dura e rotineira. Antes de ser possível plantar num campo, ele precisa ser arado, e essa é uma ação dura e profunda. De modo semelhante, há coisas na minha vida que precisam ser extirpadas, e é exatamente isso o que o Espírito Santo deseja fazer.

Nós, por outro lado, queremos dar a nossa vida ao Espírito Santo, mas ao mesmo tempo queremos controlar o que o Espírito Santo faz na nossa vida. Queremos sentar na sala de controle. Queremos dar as ordens e afirmar "Assim diz o Senhor". Concluí há muito tempo que o Espírito Santo trabalha sozinho no meu coração e não precisa da minha ajuda, apenas que eu simplesmente me entregue absolutamente a ele.

Um quarto modo de cairmos nessa estranha armadilha é *falar sobre a noite escura da alma, mas rejeitar a escuridão*. Tenho lido artigos e até livros tratando do velho tema da "noite escura da alma". Depois de ler um pouco, logo fica evidente que a

A ESTRANHA PERSPICÁCIA DO CRISTÃO

maioria dos autores não tem ideia do que realmente é a noite escura da alma. E é aqui que a estranha perspicácia do cristão entra em cena. Abraçamos a noite escura da alma e, ao mesmo tempo, rejeitamos a escuridão.

A noite escura da alma não é algo agradável de transpor e não termina com um jantar de comunhão após o culto, domingo à noite. É uma experiência extremamente árdua que requer um desapego absolutamente estrito de tudo aquilo de que você costuma depender, de modo que você fica só com Cristo.

A noite escura da alma separa os que estão genuinamente interessados em seguir Cristo dos que só têm curiosidade acerca das "profundezas de Deus". Certamente queremos que Deus faça sua obra na nossa vida, mas queremos que as luzes continuem acesas. Queremos que Deus faça no nosso coração e na nossa vida aquilo que lhe traga honra e glória, mas queremos conhecer e compreender cada passo que ele dá na nossa vida.

A escuridão se refere ao não saber. Queremos que Deus *faça*, mas queremos que ele faça o que ele faz no escopo da nossa compreensão. A noite escura da alma, porém, é uma obra do Espírito Santo que excede a capacidade de compreensão de qualquer homem ou mulher. Quando atravessamos a noite escura da alma, não sabemos o que realmente nos aconteceu, mas sabemos quem a causou.

O último recurso é *usar a religião para promover os nossos interesses e avanços pessoais*. Essa é outra estranha habilidade do cristão. Surpreende-me ver como as pessoas podem tornar-se religiosas. Até a pessoa que rejeitou Deus em Cristo e a igreja parece ter uma estrutura religiosa forte que a mantém firme. Mas esse uso da religião para si também pode ser visto dentro da igreja naqueles que abraçaram Cristo e andam na luz de sua Palavra.

Queremos ser envolvidos na obra do Senhor, mas queremos também *ser conhecidos* como servos fiéis do Senhor. Queremos fazer a obra de Deus, mas queremos que as pessoas saibam que estamos fazendo a obra de Deus. Somos engenhosos e concebemos ideias religiosas que não têm outra função, a não ser fazer alguém avançar na carreira.

Estamos perfeitamente dispostos a ser o mais religiosos possível, desde que nos possamos promover. Pode parecer estranho, talvez até engraçado, mas é um dos elementos mais danosos que operam na Igreja hoje. É isso o que está roubando desta geração de cristãos a espiritualidade necessária para levar adiante o Reino de Deus. Talvez o exemplo mais estranho dessa perspicácia no cristianismo de hoje seja visto no aspecto do entretenimento e das personalidades religiosas que promovem o homem à custa de Deus.

A CURA NA CRUZ

A única cura para o nosso mundanismo é a cruz. Não podemos colocar-nos na cruz. Não podemos escolher a cruz em que seremos crucificados. Fénelon fala sobre os vários tipos de cruz — ouro, prata, madeira, papel. A única coisa que elas têm em comum é que crucificam. Como a cruz será usada na sua vida, isso é prerrogativa do Espírito Santo.

Se eu fosse escolher a minha cruz e a hora da minha crucificação, sempre escolheria o menor de dois males. Mas, quando o Espírito Santo escolhe, ele escolhe tanto a hora da crucificação quanto a cruz sobre a qual ele nos crucificará. A nossa responsabilidade é nos render à sua sabedoria e permitir a ele fazer a obra sem nenhum conselho nosso.

A ESTRANHA PERSPICÁCIA DO CRISTÃO

Na cruz vou permanecer
Isaiah Baltzell (1832-1893)

Ó Jesus, Salvador, quero descansar,
Perto da cruz onde morreste;
Pois há esperança para o peito arqueado;
Na cruz vou permanecer.

Na cruz (na cruz) vou permanecer, (vou permanecer,)
Na cruz (na cruz) vou permanecer, (vou permanecer,)
Na cruz vou permanecer,
Ali empregado é seu sangue,
Na cruz vou permanecer.

Meu Jesus moribundo, meu Salvador, Deus,
Que minha culpa e pecado suportou,
Lava-me agora, purifica-me com teu sangue,
Mantém-me sempre puro e limpo.

Ó Jesus, Salvador, faze-me teu agora,
Jamais me permitas afastar-me de ti;
Ó lava-me, purifica-me, pois és meu,
E teu amor é pleno e livre.

O poder purificador de teu sangue aplica,
Toda minha culpa e pecado remove;
Oh, ajuda-me enquanto fico na cruz,
Enche minha alma com perfeito amor.

12

PERMITA QUE DEUS SEJA DEUS

Não estou dizendo isso porque esteja necessitado,
pois aprendi a adaptar-me a toda e qualquer circunstância.

FILIPENSES 4.11

Quando Deus disse: "Façamos o homem à nossa imagem", firmou um abismo intransponível entre os homens e todas as outras criaturas. Da perspectiva de Deus, o homem é a forma de criação mais elevada. (Deus também concedeu ao homem, acima de todas as outras criaturas, a máxima honra de seu Filho, que foi enviado na forma de um homem.) Algo no homem corresponde a algo em Deus, o que é um elo místico que nenhuma outra criatura possui. Assim, para conhecer e compreender o homem, precisamos chegar a um conhecimento íntimo de Deus.

Você pode colocar a estátua de uma pessoa num parque; você pode escrever seu nome nas paredes de prédios famosos; você pode dar-lhe o Prêmio Nobel da Paz e todo tipo de prêmios que conseguir imaginar. No entanto, depois de dizer e fazer tudo, não pode dizer nada mais acerca dessa pessoa, senão que Deus lhe deu certo tipo de vida, certo conjunto de hábitos e certo ambiente no qual ela foi criada — tudo vem de Deus.

Até os anjos, arcanjos e serafins não podem dizer nada mais que isso acerca de si mesmos.

Em última análise, porém, não importa quem somos, somos tão atingidos pela pobreza quanto o restante da raça humana porque temos medo de usar a nossa imaginação religiosa e medo de acreditar no que a Bíblia nos ensina. A Bíblia fala sobre anjos, arcanjos, serafins, querubins, sentinelas, santos, principados e poderes. Entretanto, insistimos apenas em pessoas; é tudo. Temos medo de deixar que a nossa imaginação cheia de fé desfrute da maravilha do Universo.

O homem não é como as demais criaturas da criação de Deus. O homem cumpre uma função que nenhuma outra criatura pode cumprir. Na medida em que cada criatura viva permanece no próprio ambiente e vive o tipo de vida que Deus deu a ela, essa criatura cumpre o propósito para o qual foi criada.

As criaturas sobre a terra, no ar e no mar vivem, todas, em perfeita harmonia dentro do próprio ambiente. Dia após dia cumprem o propósito para o qual foram criadas, sendo simplesmente elas mesmas no ambiente em que Deus as colocou. O homem é a única criação que está fora de seu ambiente original.

OBSTÁCULOS PARA O CONHECIMENTO DE DEUS

Um velho teólogo alemão disse certa vez: "Não existe nada no Universo mais parecido com Deus que a alma humana". Tudo na Bíblia repousa sobre essa verdade. Deus criou o homem com uma alma e nessa alma está a capacidade de conhecer Deus e ter com ele uma comunhão diferente da comunhão com qualquer outra criação.

Parte da nossa experiência de adoração é elevar-nos numa imaginação cheia do Espírito, ver com os olhos da fé e contemplar e adorar Deus em surpresa e admiração. Com os pés firmemente arraigados nas Escrituras, podemos subir àquela altura misteriosa de espiritualidade e ter tanta consciência de Deus a ponto de perdemos a noção de todas as outras coisas. Ah, perder-nos na maravilha que é Deus! Essa é a nossa herança espiritual. Essa é a plenitude da nossa redenção em Jesus Cristo.

Precisamos aceitar isso como parte da nossa criação e não ter medo de que, se crermos nisso, alguém nos acusará de acreditarmos que o homem está bem. O homem não está bem. O homem é uma criatura decaída. O homem é como um automóvel que deixou a estrada numa curva e rolou para o meio das pedras. O homem não está bem. O homem está perdido.

Com frequência ouço pregadores falando da alma pobre, perdida, maldita. Você está perdido se não se converter. Você está perdido, mas não é maldito. Isso é bem diferente.

Deus criou o homem para ser conhecido por ele e para ser conhecido em grau maior que qualquer outra criatura pode conhecê-lo. Nenhuma outra criatura tem Cristo, e nenhuma outra criatura tem a capacidade de conhecer Deus.

Os anjos têm certas capacidades. Eles são santos e obedecem a Deus. Os serafins sentam-se em volta de seu trono e conhecem Deus, mas não conhecem Deus como o homem conhece Deus. Deus queria que o homem fosse mais elevado que os anjos, e o criou de tal maneira que pudesse elevá-lo acima dos anjos. Quando tudo estiver terminado e formos conhecidos como somos conhecidos, vamos subir na hierarquia de Deus mais alto do que os próprios anjos.

O homem perdeu o rumo por causa do pecado. Lemos acerca disso em Romanos 1.21: "Porque, tendo conhecido Deus, não o glorificaram como Deus, nem lhe renderam graças, mas os seus pensamentos tornaram-se fúteis e o coração insensato deles obscureceu-se". Pelo pecado, o homem perdeu o conhecimento de Deus. Ele tem o potencial para conhecer Deus de um modo que nenhuma outra criatura é capaz, mas ainda não o conhece porque sua conduta é indigna e seu coração está tomado por um vasto vazio.

Esse é o motivo pelo qual experimentamos crises o tempo todo. Perdemos o rumo e estamos à deriva num mar de incertezas.

Não buscar o Deus que existe

O que há de errado com a humanidade? Fomos criados para conhecer Deus, mas por causa do pecado nos tornamos vãos na nossa imaginação. Não gostamos de ter Deus no nosso conhecimento. Substituímos Deus por tudo, menos Deus. Criamos um Deus da nossa imaginação.

Esse é o estado do homem não regenerado, mas o que quero saber é por que os cristãos conhecem Cristo e Deus tão pouco. Compreendo por que o homem não regenerado vaga na incerteza, mas por que a única criação de Deus feita à sua imagem sabe tão pouco acerca do Criador?

Posso depurar tudo em uma frase: Não permitimos que Deus seja ele mesmo. Perdemos todo senso de conhecer Deus como ele é e, por conseguinte, tentamos produzir um Deus com o que ele não é. Em vez de aceitar que fomos criados à sua imagem, caímos ao ponto de acreditar que Deus foi criado à *nossa* imagem.

Deus não é como nós. Nós, porém, somos como Deus, porque fomos criados à imagem dele. Por que, então, essa disparidade? Por que, então, esse abismo tão intransponível entre Deus e nós?

Os meus pensamentos nessa questão não resultam da minha idade avançada. Pensei isso quando me converti, aos 17 anos. Na época, certamente não os havia desenvolvido tanto, mas com o tempo voltei às raízes da minha existência. Estudei as verdades do cristianismo. Essa é a maravilha de aprender acerca do nosso Deus: você pode voltar à antiga fonte da sua fé e compreendê-la outra e outra vez. E então conhecerá Deus novamente — onde Adão começou, e voltando mais, onde o mundo começou, e ainda mais, onde os anjos começaram, e àquela antiga fonte gloriosa que denominamos a existência de Deus. E em Jesus Cristo também voltamos ali.

Você não pode conhecer Deus como conhece a tabuada ou o código Morse. Você pode conhecer quase tudo. Entretanto, quando Paulo disse: "Quero conhecer Cristo" (Filipenses 3.10), não pensava em termos intelectuais, mas experienciais. Isso significa que, para conhecer Deus pessoalmente, o meu espírito precisa tocar o espírito dele, e o meu coração precisa tocar o coração dele. Então experimentarei o conhecimento consciente de Deus.

Uma coisa é ouvir acerca desse conceito; outra é vivê-lo. Uma coisa é ouvir que de repente encontraram um planeta; outra, bem diferente, é viver nesse planeta. Posso alegar que, lendo, posso conhecer sobre um lugar, tanto quanto a maioria das pessoas que vão até lá. Mas cada um que vai a algum lugar e volta é só sorrisos por realmente ter estado ali. Se você realmente foi até o local, você o conhece de um jeito que não pode conhecer se apenas ler sobre ele num livro.

O máximo que o homem não regenerado pode fazer é conhecer a respeito de Deus. Ele pode estudar os céus e ver a obra-prima de Deus. A vastidão do Universo revela a natureza ilimitada de Deus. Uma pequena flor delicada desabrochando na primavera revela a ternura de Deus. Tudo à nossa volta é indicação do que Deus é. Mas nada na natureza nos permite desfrutar a intimidade da comunhão com Deus.

Podemos pensar nos atributos de Deus e exultar em sua graça. Mas o homem não regenerado só pode fazer isso como um exercício acadêmico. Para o incrédulo, Deus só pode ser compreendido pelas lentes do microscópio. Deus só pode ser examinado no laboratório da ciência. Mas é só no coração tocado pelo Espírito Santo que Deus pode realmente ser conhecido.

Optar por um conhecimento de segunda mão

Com toda a nossa educação, ainda não conhecemos Deus em pessoa muito bem. Não sabemos que comunhão podemos ter com ele. Deixamos todo o tempo para o nosso conhecimento mútuo. Nós nos reunimos para comunhão e atividades religiosas e todas as rotinas religiosas, apoiamos uns aos outros e depois vamos embora. Jesus disse que tinha um trabalho a fazer; tinha de curar, abrir e destampar ouvidos e responder a perguntas. Mas Jesus também tinha um conhecimento pessoal de Deus que era íntimo e ele era sempre capaz de confiar em Deus.

Os cristãos modernos ficam tão ocupados fazendo isso e aquilo, indo para cá e para lá, que só conhecem Deus de ouvir falar. Ouvimos isso e aquilo, mas nunca ouvimos algo dito por nós mesmos. Nós nos contentamos facilmente com substitutos, não com o que é real. Nessas circunstâncias, o máximo que podemos esperar ouvir é o eco indistinto da voz de Deus.

Querer coisas em vez de Deus

Outro motivo pelo qual os cristãos conhecem Cristo e Deus tão pouco é que queremos coisas em vez de querer Deus. Estamos mais interessados na dádiva que no doador. Deus quer dar-se para nós. Deus quer partilhar-se *junto com* seu dom. Separado de Deus, o dom é perigoso.

Viver com pecados

O que mais interfere no nosso caminho para essa intimidade com Deus é, falando em termos simples, o pecado. O atalho para a intimidade com Deus é o perdão dos pecados. A importância desse elemento na vida do cristão é amplamente subestimada. O pecado é responsável pelos nossos problemas. O pecado é o motivo pelo qual recebemos textos como 1João 1.9: "Se confessarmos os nossos pecados, ele é fiel e justo para perdoar os nossos pecados e nos purificar de toda injustiça".

A pergunta que devíamos estar fazendo é: Por que Deus perdoa pecados? Ele perdoa porque o pecado é o obstáculo entre nós e ele. Para algum dia conhecermos Deus, o obstáculo precisa ser removido. Assim, Deus pode perdoar o pecado. Por que Deus derrama seu Espírito sobre nós? Para que o Espírito possa vir e nos mostrar as coisas de Deus. Por que Deus responde às orações? Para que, respondendo, possa revelar a própria face para nós.

Confiar na Bíblia como um fim em si mesma

Por que Deus nos deu as Escrituras? É pela leitura das Escrituras que podemos conhecer Deus. Mas as Escrituras não são um fim em si mesmas. Ouvimos falar sobre elas como se fossem um fim em si mesmas. Nenhum homem consegue acreditar mais que eu na inspiração verbal das Escrituras conforme dadas originariamente. Mas a inspiração verbal ou qualquer outra teoria de inspiração que torna a Bíblia um fim em si mesma é perigosa. O propósito da Bíblia não é substituir Deus; o propósito da Bíblia é levar-nos a Deus.

A Bíblia *nunca* é um fim em si mesma. Oro para que Deus levante alguém capaz de fazer a Igreja ortodoxa, o povo da Bíblia, os fundamentalistas e os evangélicos verem e compreender isso. Lembre-se de que Deus mesmo afirmou ser um "Deus zeloso" (Êxodo 20.5). Não queremos que nada nem ninguém, mesmo que remotamente, tome o lugar dele.

Trilhas para conhecer Deus

Os únicos cristãos que você deseja ouvir são os que dão a você mais fome de Deus. Você não pode conhecer tudo o que Deus é, mas pode conhecer tudo o que Deus revelou em Cristo para a sua alma, o que é infinitamente mais do que você sabe agora. Quando a Igreja de Cristo voltar a ensinar isso — quando se tornar séria, deixar de brincar e começar a pregar o próprio Deus e todos os dons dele —, Deus mesmo chegará perto rapidamente. Todas as bênçãos de Deus virão com ele. Queremos que a

PERMITA QUE DEUS SEJA DEUS

plenitude do Espírito nos encha, queremos uma vida devota, queremos um amor divino, queremos tudo isso; mas, se mantivermos essas coisas à parte do próprio Deus, só teremos encontrado uma rosa com um espinho.

Se você encontrar Deus, encontrará todas essas coisas em Deus. Agora você diz: "Aceitei Cristo", e isso é maravilhoso. Paulo se converteu e foi um dos maiores cristãos do mundo, mas ainda escreveu: "Quero conhecer Cristo, o poder da sua ressurreição e a participação em seus sofrimentos, tornando-me como ele em sua morte" (Filipenses 3.10).

Todos querem saber o que é a vida mais profunda, no que consiste a vida crucificada. Quase evito falar a respeito, porque as pessoas discutem a vida crucificada e a vida mais profunda, porém ninguém parece querer Deus. Quando me aprofundo no conhecimento do Deus trino, o meu coração se move para mais dentro de Deus, e Deus se move para mais dentro de mim. Conhecer Deus é experimentar uma vida mais profunda em Deus. Qualquer coisa que me impeça de conhecer Deus é meu inimigo. E qualquer dom que fica entre mim e ele é um inimigo.

Não creio em chaves desse tipo, mas, se houver uma chave para destrancar o mistério da vida crucificada, é simplesmente esta: Permita que Deus seja Deus. Isso talvez pareça simples. Mas, se fosse realmente, os cristãos não precisariam ser incentivados a prosseguirem rumo à perfeição espiritual.

Os cristãos têm a má fama de tentar colocar Deus numa caixa. O Deus que cabe numa caixa não é o Deus e Pai de nosso Senhor Jesus Cristo. O Deus que cabe na caixa é o Deus que pode ser controlado pelo homem e está às suas ordens. Mas esse não é o Deus da Bíblia. O Deus da Bíblia é uma força impressionante e poderosa neste Universo — o Deus que criou os céus e a terra e tudo o que neles há — e ele não pode ser colocado numa caixinha criada por um simples homem.

Quando insistimos em deixar que Deus seja Deus, surge no nosso íntimo uma explosão de realidade com respeito à pessoa de Jesus Cristo. O nosso entendimento a respeito dele vai além do acadêmico e entra num mundo maravilhoso de intimidade pessoal.

Talvez a máxima verdade aqui é que, quando permitimos que Deus seja Deus, então — e só então — descobrimos quem somos e o que somos como homens e mulheres. Então estaremos bem no nosso caminho para viver a vida crucificada.

Meu Senhor, tão plena de doce contentamento
Madame Guyon (1647-1717)

Meu Senhor, tão plena de doce contentamento;
Passo meus anos de banimento!
Onde quer que eu more, moro contigo.
No céu, na terra ou no mar.

Não me sobra nem lugar nem tempo;
Meu país é em qualquer clima;
Posso estar calma e livre de cuidados
Em qualquer praia, pois Deus ali está.

Lugares buscamos ou lugares evitamos,
E a alma em nenhum encontra a felicidade;
Mas, com um Deus para nos dirigir o caminho,
É igual alegria ir ou ficar.

Pudesse eu ser lançada onde não estás,
De fato seria terrível a sina:
Mas nenhuma região remota considero,
Segura de encontrar Deus em todas.

PARTE IV

· · · · · · · ·

AS BÊNÇÃOS

DA VIDA

CRUCIFICADA

13

A BELEZA DAS CONTRADIÇÕES

Fui crucificado com Cristo. Assim, já não sou eu quem vive, mas Cristo vive em mim. A vida que agora vivo no corpo, vivo-a pela fé no filho de Deus, que me amou e se entregou por mim.

GÁLATAS 2.20

Uma leitura casual das Escrituras poderia levar alguém a concluir que há contradições na Bíblia. Os inimigos da Bíblia se extenuam para trazer à tona todas essas aparentes contradições. Talvez de todas as "contradições" na Bíblia, nenhum outro autor do Novo Testamento tenha sido acusado de se contradizer com maior frequência que o apóstolo Paulo.

Considere por exemplo o que o apóstolo Paulo diz em 2Coríntios 12.10: "Por isso, por amor de Cristo, regozijo-me nas fraquezas, nos insultos, nas necessidades, nas perseguições, nas angústias. Pois, quando sou fraco é que sou forte". O que poderia ser mais contraditório? Paulo diz que, quando é fraco, então é forte. Isso é, obviamente, uma grande contradição. Como você pode ser forte quando é fraco? E como pode usar o verbo "regozijar-se" na mesma sentença afirmativa que "fraquezas", "insultos", "necessidades", "perseguições" e "angústias"? Nenhum homem com a mente sadia associaria essas coisas entre si.

O ponto é exatamente este: Paulo não está com a "mente sadia". Está de fato operando e ministrando pela mente de Cristo. O que faz sentido para a mente humana não faz sentido para a mente espiritual. E o que faz sentido para a mente espiritual parece contraditório para a mente do homem natural ou mesmo do homem carnal.

DUAS ESCOLAS CONTRADITÓRIAS DE PENSAMENTO

Elementos contraditórios podem ser encontrados mesmo entre os cristãos de hoje. Dentro da estrutura da cristandade há duas escolas contraditórias de pensamento. Não me refiro ao calvinismo e ao arminianismo, nem ao liberalismo e ao fundamentalismo. Estou falando sobre o motivo pelo qual pensamos que Jesus veio ao mundo.

Jesus veio para nos ajudar

Uma escola de pensamento sustenta que o Senhor Jesus Cristo veio a este mundo para nos ajudar. Ou seja, para tirar-nos dos conflitos e das situações difíceis em que entramos durante a vida. A ideia é que estamos bem, exceto por alguns obstáculos e desvios aqui e ali, que certamente o Senhor pode endireitar. O homem é basicamente bom, a não ser por alguns pequenos enganos ocasionais.

Esse pensamento também sustenta que o propósito do cristianismo é fazer-nos pessoas melhores. Sendo cristãos, podemos ser mais populares e bem-sucedidos no mundo. Não importa qual seja o seu negócio, o cristianismo e os ensinos de Jesus podem tornar você bem-sucedido. Por exemplo, se você é cantor de uma casa noturna nas sarjetas do mundo, Deus o

A BELEZA DAS CONTRADIÇÕES

ajudará a ser o melhor cantor da noite que você poderia ser. Se você está no comando de um negócio escuso, ora, o Senhor o ajudará a ter sucesso e popularidade também aí.

Essa mentalidade pega todas as coisas supostamente boas nas Escrituras e as reclama para nós. Deus simplesmente quer tornar-nos bons (ou boas). Sentimentos de baixa autoestima podem ser rapidamente erradicados quando cremos que em Jesus podemos ser o melhor possível. Não importa qual seja nosso problema, Cristo pode fazê-lo desaparecer. O cristianismo, de acordo com essa escola de pensamento, é um tipo de edição de luxo da vida e ajuda a resolver os problemas importantíssimos de autoestima que possamos ter. Ele nos ajuda a nos sentirmos melhor a respeito de nós mesmos, o que é considerado o objetivo máximo de toda religião.

Esse cristianismo do "sentir-se melhor" promoveu toda uma nova indústria de autoajuda religiosa. Tudo o que um autor precisa para ter um livro campeão de vendas hoje em dia é a alegação de que o que você diz ajudará as pessoas a se sentirem melhor a respeito de si mesmas. O cristianismo é simplesmente um vasto séquito de pessoas que acreditam que os ensinos de Jesus nas Escrituras podem ajudar a autoimagem delas, inflar seu ego e fazê-las felizes e alegres. Visite qualquer livraria, e você verá prateleiras de livros escritos para encorajar esse tipo de mentalidade.

Para os que acreditam que Jesus veio só para ajudá-los — e isso é o que faz doer o meu coração —, Jesus morreu na cruz e sofreu tão intensa dor e agonia apenas para que cristãos medianos possam sentir-se bem consigo mesmos. Hoje, ministérios inteiros são devotados a esse tipo de coisa, que se transformou num "entretenimento" cristão.

181

A Vida Crucificada

Em vez de pregar sermões que "despertem com essas lembranças a sua mente sincera" (v. 2Pedro 3.1), agora precisamos entreter a congregação com as mais recentes formas de entretenimento de que dispomos. A igreja evangélica de hoje está repleta de todo tipo de brinquedos e diversões: projetores, bandas, luzes, barulho — tudo para captar a atenção dos pobres cristãos imaturos e subdesenvolvidos. Se a fala é superficial, se faz alguém rir, é aceita de braços abertos na igreja hoje.

Se alguma igreja local resolve deixar de lado todos esses instrumentos de prazer e se concentra na pregação e no ensino da Bíblia, as multidões com certeza encontrarão outra igreja que caia em sua graça. O discipulado cedeu o lugar para a construção da autoestima. O importante não é tanto o que você sabe, mas a sua aparência e o que você sente que é importante. Essa forma de cristianismo não tem raízes na verdade bíblica, mas na relatividade cultural, no exagero do materialismo. Mas ai da igreja que não é relevante para a cultura ao redor.

Para ser justo, a tentação é grande demais para alguns pastores, e eles sucumbem ao impulso da carne. Desde que o entretenimento seja "limpo", não deve haver problema. Em minha mente, porém, substituir o culto intenso a Deus por um entretenimento carnal é perder completamente de vista o que significa ser cristão.

Não é preciso dizer que esse tipo de pensamento acerca do cristianismo satisfaz a carne. Desde que a carne seja respeitável, é aceita na igreja dos dias de hoje. Se atrai uma multidão, não deve haver problema. Se as pessoas querem, por que não dar? Afinal, o raciocínio é que qualquer coisa que as faça entrar na igreja é boa, desde que possamos compartilhar Jesus com elas. Mas pergunto que Jesus estariam partilhando com essa multidão que deseja satisfação para a carne.

Preciso destacar aqui que o "eu" tem feito muitas coisas boas neste mundo. Tem construído hospitais e orfanatos, tem alimentado famintos e vestido pobres. O *eu* anda ocupado realizando muitas boas obras. Mas o problema dessas boas obras é que o *eu* requer a glória por todas essas coisas. Agora, se esse *eu* é altamente religioso, está disposto a dar 99% da glória para Deus, mas quer reter pelo menos 1% da glória, de modo que as pessoas saibam como o *eu* é um fiel servo do Senhor. Isso vai contra o ensino bíblico de que Deus deseja toda a glória. Ele não quer dividir nenhuma porcentagem de sua glória com homem algum.

Jesus veio para dar um fim ao *eu*

A outra escola de pensamento entre cristãos é que Jesus Cristo veio para dar um fim ao *eu*. Não para educá-lo ou poli-lo, mas para acabar com ele. Não para cultivá-lo, dar-lhe amor por Bach, Platão e Da Vinci, mas para dar um fim ao *eu*. Essa posição pronuncia uma sentença de morte sobre todas as coisas relacionadas ao *eu*, ou ego. O apóstolo Paulo estabeleceu o padrão quando disse: "não sou eu [...], mas Cristo" (Gálatas 2.20). O *eu* precisa ser inteiramente eliminado para Cristo ser mantido na devida posição na nossa vida.

Devo avisar que qualquer igreja que se especializar nesse ministério pagará um preço alto. As multidões não acorrem a tal ministério porque buscam algo para satisfazer a carne. Elas querem algo superficial para distraí-las, acarinhá-las e fazê-las sentir-se bem consigo mesmas.

Contudo, não penso que isso seja necessariamente negativo. Os que chegam a essas igrejas possuem um apetite insaciável por Deus e desejam, acima de tudo, ver Cristo glorificado

A Vida Crucificada

na própria vida. A glória de Deus sempre vem sacrificando o *eu*. Prefiro ter uma congregação de 25 pessoas que procuram honrar Deus 100% e lhe dão toda a glória a ter uma congregação de 2.500 sobrecarregados pela maldição do "entretenimento", onde Deus terá de lutar por uma porcentagem mínima da glória. Ter Deus escondido nas sombras da igreja é não ter Deus nessa igreja.

Muitas pessoas subestimam o poder que o ego tem para distrair e enganar e, em última análise, seu poder para comprometer o cristianismo bíblico sólido. Toda a ênfase da teologia do Novo Testamento é que os antigos valores ligados ao *eu* são falsos, que a sabedoria do ego é questionável e que sua bondade simplesmente não existe. O velho *eu* precisa partir a todo custo. Na velha vida do *eu*, nada há que possa ser redimido. Não importa quanto o velho *eu* é purificado, ainda contém um centro irremediável de corrupção.

O novo homem está em Cristo e, a partir daí, precisamos reconhecer que estamos mortos para o pecado, mas vivos para Deus em Jesus Cristo. A questão que se apresenta é: Como lidamos com o velho *eu*? Se isso é tudo o que as Escrituras dizem que ele é, o que fazer com ele?

Aqui chegamos a outra aparente contradição nas Escrituras. Gálatas 2.20, o versículo-chave para a vida crucificada, é o testemunho de Paulo, um lindo tipo de teologia pessoal lançado numa epístola que não é tão bela. (Os gálatas ficaram conhecidos pelo seu desvio.) Em Gálatas 2, o apóstolo colocou um pequeno diamante que, pelo que entendo, está no centro da epístola toda: "Fui crucificado com Cristo. Assim, já não sou eu quem vive, mas Cristo vive em mim. A vida que agora vivo no corpo, vivo-a pela fé no filho de Deus, que me amou e se entregou por mim" (Gálatas 2.20).

Observe que esse pequeno versículo contém algumas contradições. Paulo começa o versículo com "Fui crucificado". À primeira vista, isso parece uma contradição. Sabemos que ninguém que foi crucificado viverá para falar a respeito. Assim, ou Paulo não foi crucificado e pode falar disso, ou ele foi crucificado e, nesse caso, não pode falar a esse respeito.

Ninguém jamais disse: "Doutor, chame o agente funerário porque eu morri". Se a pessoa não morreu e estava com a mente lúcida, não teria dito que morreu. E, se morreu, não seria capaz de dizer nada ao médico. Mas eis Paulo dizendo que foi crucificado, e isso em si é uma contradição.

"Vivo." Posso aceitar que por alguma maravilha um homem possa dizer "Fui crucificado", como se estivesse no mundo por vir, falando para este mundo. Mas então Paulo se contradiz, dizendo: "Vivo". Se ele tinha sido crucificado, como, então, poderia viver?

Paulo contradiz também isso, ao dizer: "Não sou eu". Então, indo além, diz: "A vida que agora vivo no corpo [eu, que fui crucificado], vivo-a pela fé no filho de Deus, que me amou e se entregou por mim". Quantas contradições!

Destaquei deliberadamente as contradições nesse versículo não porque creia que há contradições básicas, mas porque não se pode passar por cima desse versículo, como se faz com tanta frequência com a Oração do Senhor ou o Salmo 23. Ou o versículo significa alguma coisa, ou não. Se significa alguma coisa, quero saber o que significa. Se não significa nada, devo descobrir isso e ignorá-lo daqui em diante. Acredito que ele significa alguma coisa. E não só acredito que significa alguma coisa, como também acredito que pode ser praticado, trabalhado e vivido neste presente mundo na vida de cada um de nós.

A Vida Crucificada

O velho eu precisa ser absolutamente crucificado. É sobre isso que Paulo está falando em Gálatas 2.20. Ninguém pode morrer parcialmente. Ou a pessoa está morta, ou está viva. É bem parecido com beber um copo de água envenenada. O copo não precisa estar 100% cheio de veneno para matá-lo. Mesmo que só 1% do líquido no copo seja veneno, fará efeito. Aliás, a minha opinião é de que, se apenas 1% do líquido é veneno, o copo é mais perigoso porque o veneno é menos óbvio. Um copo com 100% de veneno vai matar você na hora. Um copo com 1% de veneno certamente o vai matar, mas sua morte será mais lenta e mais sofrida.

Na nossa experiência cristã, se ainda há um fragmento muito pequeno do velho eu, o perigo é grande. Esse pedacinho destruirá tão certamente quanto se o *eu* inteiro fosse veneno.

É sobre isso que Paulo está falando. O velho eu deve sair inteiramente, e o novo eu precisa entrar inteiramente. O eu do ego antigo está crucificado. Estamos mortos, mas vivemos como se nunca tivéssemos vivido. Não é a nossa vida, mas a vida do nosso bendito Redentor que permeia cada essência do nosso ser. Por meio dessa crucificação do eu, a vida de Cristo *pode* ser praticada, trabalhada e vivida neste mundo presente na vida dos cristãos.

"Não sou eu quem vive, mas Cristo vive em mim" é a frase mais importante em Gálatas 2.20. É Cristo em mim que faz toda a diferença no mundo. E até o velho eu ser suprimido, a vida de Cristo não pode chegar. Entretanto, muitos cristãos apegam-se desesperadamente ao velho eu. Têm tanto medo de perder alguma coisa que se esquecem do que Jesus ensinou: "Pois quem quiser salvar a sua vida, a perderá, mas quem perder a sua vida por minha causa, a encontrará" (Mateus 16.25).

186

Até nos dispormos a perder, jamais encontraremos o que Deus tem para nós.

Que grande cristianismo nós, evangélicos, temos hoje em dia. Os liberais nos criticam; quanto a mim, não os culpo. Eles têm direito; não têm nada melhor para fazer. Que bando de pessoas sem valor nós, evangélicos, tornamo-nos, com a ousadia de nos levantar por nós mesmos e pregar para uma audiência inteligente que a essência, o propósito final e a causa de Cristo é nos salvar do inferno! Como podemos ser tão estúpidos e ainda afirmar sermos seguidores de Cristo?

O propósito de Deus não é nos salvar do inferno; o propósito de Deus é salvar-nos para nos tornarmos como Cristo e nos tornarmos como Deus. Deus não terminará sua obra em nós até o dia em que virmos sua face, quando seu nome estiver em nossa fronte; e seremos como ele porque o veremos como ele é.

Como é barato, como parece um cristianismo de balcão da esquina o que diz: "Eu tinha uma dívida, Jesus veio e a pagou". Certamente ele fez isso, mas por que a ênfase? "Eu estava indo para o inferno e Jesus me deteve e me salvou." Certo, ele fez isso, mas não é o que devemos destacar. O que precisamos destacar é que Deus nos salvou para nos tornarmos como seu Filho. Seu propósito é nos capturar na nossa corrida selvagem para o inferno, fazer-nos dar meia-volta porque ele nos conhece, trazer julgamento sobre o velho eu e depois criar um novo eu dentro de nós, que é Jesus Cristo.

A BELEZA DO SENHOR

O versículo mais bonito na Bíblia encontra-se em Salmos 90.17: "E seja sobre nós a formosura do Senhor nosso Deus" (*Almeida Corrigida e Revisada Fiel*). Quão maravilhosa é a formosura do Senhor nosso Deus? O contraste pronunciado com a beleza do Senhor nosso Deus é a minha feiura, a feiura do eu. O autor anônimo de *Teologia germânica* disse: "Nada queima no inferno, exceto a vontade própria". Isso seria o "meu", o "mim", o "eu" e o "me", que são o combustível do inferno.

Na grande negociação divina, Deus se oferece para trocar o nosso velho eu, que nos trouxe tantos problemas, por um novo eu, que é Cristo. O apóstolo Paulo diz: "A vida que agora vivo no corpo, vivo-a pela fé no filho de Deus, que me amou e se entregou por mim".

A chegada a esse ponto justifica a jornada. A dor associada ao sacrifício do velho eu nada é, comparada à alegria de experimentar aquela inspiração que desce do alto e penetra cada aspecto da nossa vida. No mundo natural, a vida crucificada pode parecer repleta de contradições, porque a velha natureza, a vida do eu, é completamente incompatível com Deus e contrária à sua natureza. No entanto, quando crucificamos o eu, Deus nos dá sua formosura, sua alegria, seu Filho.

Não eu, mas Cristo
Frances E. Bolton (m. 1926)

Não eu, mas Cristo, seja honrado, amado, exaltado,
Não eu, mas Cristo, seja visto, conhecido, ouvido;
Não eu, mas Cristo, em cada olhar e ação,
Não eu, mas Cristo, em cada pensamento e palavra.

Ah, ser salvo de mim mesmo, Senhor querido!
Ah, estar perdido em ti!
Ah, que já não seja eu,
Mas Cristo que vive em mim!

Não eu, mas Cristo, para com brandura aliviar a dor,
Não eu, mas Cristo, para secar a lágrima que rola;
Não eu, mas Cristo, para levantar o peso que cansa,
Não eu, mas Cristo, para afastar todo temor.

Cristo, só Cristo! nenhuma palavra vã,
Cristo, só Cristo, nenhum som enérgico desnecessário;
Cristo, só Cristo; nenhuma conduta importante para meu ego,
Cristo, só Cristo; nenhum eu a deixar algum rastro.

Não eu, mas Cristo, suprindo-me cada necessidade,
Não eu, mas Cristo, para ser minha força e saúde;
Não eu, mas Cristo, para o corpo, alma e espírito,
Cristo, só Cristo, aqui e na eternidade.

Cristo, só Cristo logo encherá minha visão;
Glória excelente logo, pleno logo verei
Cristo, só Cristo, cada desejo meu cumprido
Cristo, só Cristo para meu tudo em tudo ser.

14

O REFRIGÉRIO DE UM AVIVAMENTO

Permaneçam em mim, e eu permanecerei em vocês.
Nenhum ramo pode dar fruto por si mesmo, se não permanecer
na videira. Vocês também não podem dar fruto,
se não permanecerem em mim.

JOÃO 15.4

Talvez o maior resultado de viver a vida crucificada seja que ela periodicamente nos leva para lugares de grande vitória espiritual. Ao longo de toda a História, esses períodos têm sido denominados avivamentos. Nada mais é necessário na igreja contemporânea que um avivamento.

Um avivamento pode ocorrer em um de três níveis. Pode ocorrer em nível pessoal, quando um indivíduo é avivado. Pode ocorrer no nível da igreja, quando a igreja inteira recebe um novo ímpeto espiritual. Pode ocorrer no nível de uma comunidade, quando uma igreja transborda e o ímpeto espiritual se estende à comunidade.

Uma pessoa solitária pode entrar num avivamento e ter uma revitalização de sua vida espiritual; uma onda de poder e um enchimento da graça que a faz vivenciar uma experiência tão maravilhosa que as palavras não conseguem descrever. Mas isso não afetaria a igreja que essa pessoa esteja frequentando. Em igrejas um tanto frias, houve indivíduos grandemente avivados, mas essas igrejas não experimentaram avivamento porque se opuseram, negligenciaram ou consideraram essas pessoas fanáticas ou extremistas e basicamente as expulsaram, boicotando-as.

Uma igreja local pode experimentar um despertamento, causando impacto em todos os indivíduos da congregação e pode até aumentar o número dos indivíduos que frequentam a igreja. As pessoas são recuperadas e renovadas; e das fontes congeladas, o gelo se quebra e a água começa a fluir. Mas com frequência não se consegue ir além da igreja local. Muitas igrejas locais têm despertamentos e renovações, mas esses avivamentos não vão além dos muros da igreja e não chegam à comunidade.

Então há o avivamento de toda uma comunidade, em que a Palavra entra na comunidade, passando de uma igreja para outra, de um bairro para outro, até a cidade inteira ser avivada.

O avivamento de uma comunidade pode começar com um indivíduo, estender-se para a igreja e expandir-se ainda mais para incluir a comunidade, mas nunca pode ocorrer no sentido inverso. Nunca pode começar na comunidade, a menos que uma igreja tenha sido avivada, e nenhuma igreja jamais foi avivada antes que indivíduos da igreja fossem avivados.

AVIVAMENTO PESSOAL

O que entendo por avivamento "pessoal"? O melhor meio que tenho para descrevê-lo é que é semelhante a um doente voltando à saúde plena. Suponha que um homem esteja com nível de sangue tão baixo que mal consegue sair da cama e ficar em pé por uma hora. Então, de repente, chega a um lugar em que é capaz de trabalhar duro o dia inteiro, jogar num time de

O REFRIGÉRIO DE UM AVIVAMENTO

beisebol e fazer tudo o que deseja porque foi restaurado para ter saúde em abundância. Ou imagine uma bateria fraca que mal consegue ligar o motor do carro. Uma vez recarregada a bateria, fica cheia de energia e uma faísca sai dela e liga a máquina. É isso o que significa ser avivado como cristão. É um novo sopro refrescante de poder divino.

Isso não só pode ocorrer com o indivíduo, mas também com uma igreja. Mas deve primeiro ocorrer nos indivíduos dessa igreja. Quero deixar isso muito claro, porque é importante pensarmos corretamente a respeito. Aqui não há uma ideia abstrata. Gostamos de orar: "Ó Senhor, desce sobre tua igreja". De algum modo imaginamos uma igreja abstrata em algum lugar e o Espírito Santo descendo e enchendo a igreja sem que os indivíduos dentro dela sejam afetados. Mas o Espírito Santo só pode descer sobre indivíduos. Não é possível uma igreja ser abençoada sem que os membros dela sejam tocados. Oramos: "Senhor, abençoa tua igreja abstrata", e imaginamos uma igreja à parte dos indivíduos, algum tipo de igreja ideal pela qual Cristo morreu. Mas Deus não pode derramar seu Espírito sobre a igreja, a menos que primeiro o derrame sobre os indivíduos dentro da igreja. O Espírito Santo pousou sobre os discípulos no Pentecoste e assim pousará sobre cada um de nós (Atos 2.3).

Cada igreja local só é boa na medida em que os membros são bons, nem mais nem menos. Se Deus tivesse algum teste de QI pelo qual pudesse testar a nossa fé ou se tivesse algum meio de medir o nosso pulso espiritual, então poderíamos somar todos os membros e conseguir a média, e a igreja seria essa média. Lembre-se sempre, porém, de que a média não forma a igreja, pois a igreja é composta por indivíduos.

A alma solitária pode ser revivida. Fico contente por poder dizer isso. Deus pode enviar ondas de glória, um novo ânimo para o indivíduo solitário. Como um indivíduo solitário, quer outra pessoa em sua igreja receba renovação, quer não, você não precisa dizer: "Gostaria de ver a nossa igreja ser abençoada", e depois esperar que, quando ela for abençoada, você também seja. A igreja jamais pode ser abençoada até que você ou outros indivíduos em sua igreja o sejam. Quer a igreja faça algum progresso, quer se desvie tornando-se liberal, você pode ser abençoado como indivíduo, e ninguém pode impedir isso. Você pode ser abençoado sozinho, não importa se seu pastor tem ou não conhecimento pessoal disso.

Quando eu tinha cerca de 18 anos, Deus chegou para mim de um modo maravilhoso e fez coisas maravilhosas na minha vida, mas a minha igreja não aprovou aquilo. Aliás, praticamente me disse que eu era um tanto extremado e que a igreja ficaria melhor sem a minha companhia. Não fui expulso; fui apenas convidado a não ficar. Então saí e fui para uma igreja da Aliança Cristã e Missionária. Não importa se a igreja crê ou não, você *pode* ter tudo o que Deus reservou para você como indivíduo. Se a sua esposa, o seu marido, ou o seu pai, ou a sua mãe, ou o seu amigo concorda ou não, isso não faz a menor diferença. Deus sempre está pronto para ajudar o indivíduo solitário.

A história do Antigo Testamento está repleta de histórias de indivíduos solitários — homens e mulheres — que se encontraram com Deus. A história dos avivamentos ao longo das eras tem sido a história de homens solitários encontrando-se com Deus, de homens saindo e encontrando Deus completamente sós. Às vezes eles foram aos porões da igreja, às vezes a grutas, às vezes saíram ao ar livre e se postaram sob árvores, às vezes

O REFRIGÉRIO DE UM AVIVAMENTO

perto de montes de feno, mas seguiram sós para se encontrarem com Deus, e então o avivamento saiu dali. Digo que você, pessoalmente, pode ser abençoado e mesmo assim não ter um avivamento na sua igreja. Se você está participando de uma igreja que sofre de alguma enfermidade espiritual, de baixo nível de espiritualidade ou até está espiritualmente morta, nunca se inferiorize para acompanhar o nível. Em vez disso, diga a si mesmo: *Pela graça de Deus, serei o que devo ser independentemente disso.*

COMO TER UM AVIVAMENTO PESSOAL

A grande questão, portanto, é: Como podemos experimentar um avivamento pessoal? Para ver um novo derramar do Espírito Santo na nossa vida, quatro elementos precisam ser ordenados. A obra do Espírito Santo não é volúvel; pelo contrário, há certas regras espirituais bem definidas que governam sua obra na nossa vida.

Fique firme como uma rocha

Primeiro, para ter um avivamento pessoal, você deve ficar firme como uma rocha (Isaías 50.7, *Nova Tradução na Linguagem de Hoje*). O arado que será usado no solo precisa ter pontas afiadas. Além disso, se você quer um avivamento pessoal, precisa ser inflexível por causa de todos os esquemas e truques do mundo. Precisa ficar firme como a rocha e dizer: "Sigo pela graça de Deus. Quero tudo o que o Novo Testamento tem para mim".

Foque o seu coração em Jesus

Segundo, você precisa focar o seu coração em Jesus Cristo. Seja onde for que ele o leve, siga-o. Seja o que for que ele afastar de você, ouça-o e obedeça ao que ele diz. Seja quem for aquele

A Vida Crucificada

que você tiver de desconsiderar, afaste-se. Se você quer ser tudo o que Deus quer que você seja, fique firme como uma rocha e foque diretamente em Jesus.

Sempre serei grato a Deus porque a Bíblia inclui a passagem em que o cego diz: "Jesus, Filho de Davi, tem misericórdia de mim!" (Marcos 10.47). Seus discípulos saíram e disseram ao homem: "Fique quieto. Não se faz isso na igreja. Mantenha a calma". Em vez de ficar desanimado com as palavras dos discípulos, aquilo motivou o cego a gritar mais, até que Jesus se voltou e disse: "O que você quer?".

"Quero ser curado."

E Jesus disse: "Tudo bem, aqui está sua cura". O homem recebeu a visão porque não ligou para os "cronometristas e árbitros" que só serviam para manter as pessoas longe de Jesus.

Recentemente vi de novo o livro de John Bunyan, *O peregrino*, e li uma ou duas páginas, mais pelo estilo que por qualquer outra coisa. Mas não se consegue ler Bunyam muito tempo só pelo estilo, porque a história de Cristão e como ele se mete em problemas em sua jornada é fascinante.

Logo no começo Cristão diz: "Descubro por este livro [a Bíblia] que estou em grande apuro. Preciso deixar a minha terra natal da Destruição e viajar para um lar celestial". Assim, ele planeja começar a viagem para o lar celeste. Está sofrendo uma angústia terrível antes de começar e finalmente se prostra diante dos filhos e diz: "Ah, querida esposa e filhos, estou numa condição terrível. Simplesmente terrível".

Sua família basicamente responde: "Sabemos o que está errado em você. Você só está cansado". Então o colocam na cama e, na manhã seguinte, quando ele se levanta, perguntam: "Como você se sente, pai?".

"Não dormi nem um pouco. Não consegui esquecer que estamos vivendo na cidade da Destruição."

Bunyan diz que, quando a família de Cristão descobriu que não conseguia aquietá-lo e consolá-lo, quando não conseguiram bater em suas costas e dizer: "Volte para a cama e durma, durma até esquecer", começaram a ser rudes com ele e a ridicularizá-lo. Então, como ele não queria desistir apesar do desprezo dos familiares, passaram a ignorá-lo.

Pensei enquanto lia: *Primeiro eles o acalmam, depois batem em suas costas e esperam que você se acalme. Então, usam palavras duras, acusando-o de pensar que é melhor que os outros. E, quando isso não funciona, desprezam-no e começam a caçoar de você. E, quando isso não funciona, simplesmente o ignoram.*

É exatamente assim que acontece quando você foca seu coração em Jesus e busca um avivamento pessoal. Se você decide buscar um relacionamento mais profundo com Deus, encontrá-lo por si e receber uma renovação de Deus para se desvencilhar das velhas amarras, pesos e obstruções e ter de volta um novo espírito, descobrirá alguns que dirão: "Bem, você só está empolgado. Você só se deixou impressionar por aquele sujeito, Tozer". John Bunyan disse que, quando Cristão era tratado daquele modo, ele saía para ficar só e orar.

Submeta-se ao exame divino

A terceira coisa que você precisa fazer para experimentar um avivamento pessoal é expor sua vida ao exame de Deus. O problema é que nos fechamos e encobrimos o nosso coração. As Escrituras dizem: "Quem esconde os seus pecados não prospera, mas quem os confessa e os abandona encontra misericórdia" (Provérbios 28.13). Por hábito, tentamos esconder os nossos pecados. Se você quer um avivamento, precisa permitir que as Escrituras sejam as Escrituras na sua vida.

Exponha toda a sua vida a Jesus Cristo. Exponha-se em oração. Exponha-se nas Escrituras. Exponha o seu coração em obediência. Exponha-o pela confissão e pela restituição. "Restituição" é uma palavra esquecida hoje; ninguém mais a usa. Mas *está* na Bíblia. "Restituição" significa acertar com as pessoas. Quando você fizer restituição, ficará surpreso com a maravilhosa sensação em você.

Estabeleça afirmações santas para si

A quarta coisa de que você precisa para um avivamento pessoal é fazer algumas afirmações santas. Algumas afirmações que tive de fazer diante de Deus mudaram o meu caminhar como cristão de maneira significativa. Deixe-me compartilhá-las com você, e você continua a partir delas.

Declare diante de Deus nunca possuir nada. Não estou dizendo para você livrar-se de algo que você pode usar. Quero dizer que você deve desvencilhar-se daquele monte de tranqueiras que junta na vida. Muitos cristãos são como ratos de porão que juntam tudo o que conseguem achar. Se você encontrar o ninho de uma pega-rabuda, encontrará várias coisas: um espelho, um cabide, um caco de vidro, talvez uma moeda. A ave não consegue usar essas coisas; apenas gosta delas e então as coleciona. De modo semelhante, por causa de um espírito ganancioso, muitos cristãos colecionam coisas que realmente não conseguem usar.

Tenha em mente que, se você sente que possui alguma coisa, na realidade isso o está puxando para baixo. Livre-se da posse desse item, e então Deus deixará que você o possua. Solte-o de

O REFRIGÉRIO DE UM AVIVAMENTO

dentro de você, e Deus deixará que você tenha a coisa fora de si. Isso diz respeito aos seus automóveis, propriedades, roupas e tudo o que vem colecionando pela vida. Tome tudo e diga que é de Deus. Não imagine nem por um minuto que, se der 10% a Deus, você pode guardar os 90% restantes. Deus precisa dos 100%. Depois que você entregar tudo para ele, ele se certificará de que você tenha o suficiente para cuidar de si mesmo e de sua família.

Se você possui alguma coisa que Deus não pode ter, você nunca terá um avivamento. Se você possui alguma coisa que Deus não pode ter, você não pode ter Deus. Deus tem o direito de mandar o que ele quiser na hora em que quiser. No momento em que Deus souber que pode ter qualquer coisa que você tem a qualquer hora, então o Senhor provavelmente permitirá que você o mantenha, e isso será uma bênção para você, em vez de uma maldição. Isso ajudará você a elevar-se, em vez de ser uma âncora puxando-o para baixo.

Outra afirmação que tem sido importante para mim é nunca me defender. Isso é difícil, ainda mais para americanos como eu. Ao longo dos anos, tenho levado muitas pessoas ao capítulo 23 de Êxodo para ensiná-las a confiar em Deus e não temer os inimigos. Se você tentar lutar contra as pessoas, acabará ensanguentado e contundido, sentindo-se miserável. Você continuará sendo um cristão imaturo e jamais terá um avivamento. Mas, se deixar Deus lutar por você, sairá inteiro.

Outra afirmação que tem sido importante para mim é nunca difamar um companheiro cristão. Com isso quero dizer: nunca acreditar no mal a respeito dele nem falar mal dele. Lembre-se de seu passado e da sua tendência de cair em tentação. Acho que às vezes o Espírito de Deus não consegue chegar até nós porque difamamos um irmão ou uma irmã em Cristo. Esse relato ruim torna-se arma nas mãos do Diabo.

Como pastor e membro de uma comissão executiva, quando ouço acusações contra a vida de alguém, sou forçado, sob Deus, a proteger a igreja de Deus contra esse homem. Mas isso não significa que difamarei esse homem ou qualquer outro por acreditar em tagarelices ou espalhá-las.

Outra afirmação importante é jamais receber ou aceitar uma glória. Ah, como amamos a glória. Só queremos tomar um pouco dela para nós. Cantamos músicas atribuindo a glória a Deus e dando-lhe toda a glória, mas às vezes não somos realmente sinceros. Queremos que Deus fique com *a maior parte* da glória, mas gostaríamos de reservar só um pouquinho para nós. Afinal, acreditamos que merecemos.

Por que você deve buscar um avivamento pessoal

Não espere uma tragédia para o conduzir a Deus. Alguns cristãos começam a esfriar no coração e aí acontece alguma tragédia, ou para si ou para a sua família, e em meio àquela dor eles dizem: "Perdoa-me, Deus". Querem recomeçar. Mas é preciso ser sempre assim? Precisamos sempre esperar que Deus nos fustigue? Precisamos sempre chegar a Deus com as costas em sangue? Resolva diante de Deus que você não vai esperar que uma tragédia o conduza até ele. Tome a sua cruz voluntariamente.

Muitos anos atrás, quando ainda era um pregador muito jovem, falei numa cidade chamada Despard, em West Virginia. Em geral as pessoas a chamavam Estanho, por causa de uma grande fábrica de estanho ali, mas também era uma área de mineração de carvão. Eu e alguns outros fomos para aquela

O REFRIGÉRIO DE UM AVIVAMENTO

área e tivemos alguns encontros evangélicos. Os encontros não foram exatamente como imaginávamos, e alguns começaram a se sentir incomodados com o fato de não estar acontecendo nenhum avivamento. Ao encontro, certa noite, veio um minerador loiro, alto e bonito. Ele disse à esposa: "Você sabe, o nosso pessoal precisa de Deus. Eles precisam de Deus, e este negócio não está indo bem. Querida, se você concordar, vou tirar o dia amanhã e esperar em Deus, orar e jejuar o dia inteiro. Quero esperar em Deus para que haja um avivamento nesta cidade".

No dia seguinte, em vez de ir trabalhar, colocou-se de joelhos e esperou em Deus o dia inteiro com a Bíblia aberta. No dia seguinte, voltou ao trabalho de esvaziar os carrinhos de carvão. Ele estava trabalhando naquele lugar, quando, de repente, houve um acidente. O carro saiu do trilho, bateu e se partiu. Os carros naquela mina eram do tipo antigo, feitos de madeira, e esse quebrou formando lascas pontudas como lanças, e uma delas rasgou sua coxa. Aquilo atingiu uma artéria, e o homem de 47 anos morreu de hemorragia no chão sujo.

Lembre-se: ele passou o dia anterior com Deus. Aquilo me atingiu como uma mensagem do céu e desde então penso: *Querido Deus, como seria maravilhoso passar o meu último dia só contigo em oração.*

Ora, o minerador não podia tirar todos os dias para orar, pois precisava trabalhar e sustentar a família. Acho que foi maravilhoso que estivesse tão perto de Deus um dia antes de morrer. Ele se derramara diante de Deus na noite anterior. Não é possível passar o dia inteiro com Deus e não estar pronto para ir para o céu no dia seguinte.

Não me pergunte por que Deus levou aquele homem. Nunca saberei. Deus nunca me deixa entender todos os seus planos secretos. Só sei que aquele homem poderia ter morrido em qualquer lugar, a qualquer hora. Mas o Espírito de Deus o instou a passar o dia em oração pela própria alma e por sua igreja. E se ele estivesse frio demais para escutar e longe demais para ouvir? E se ele estivesse como alguém no piloto automático, não dando ouvidos ao chamado de Deus? Teria morrido junto aos carros, tudo bem, mas quanta diferença!

Talvez Deus esteja chamando você para fazer algo extraordinário, algo que não aparece no seu calendário ou agenda, algo para renovar a sua própria alma. Talvez Deus o esteja chamando para fazer algo radical e extremo por sua alma. A minha esperança e oração é que o mundo e seus prazeres não sejam tão grandes que você seja incapaz de ouvir Deus. A maior coisa no mundo não é se você vive até os 100 anos; a maior coisa no mundo é se você consegue ouvir Deus falando agora com você. Isso é o que conta.

Deus está falando alguma coisa para você? Você pode ter um avivamento, mesmo que ninguém mais tenha. Não há motivo pelo qual você não possa firmar-se como uma rocha e focar o seu coração em Jesus. Quando o encontrar, descobrirá as comportas da misericórdia. Encontrará óleo novo. E encontrará uma maravilhosa vida nova.

Poder de outrora
Paul Rader (1878-1938)

Estamos reunidos para tua bênção,
Vamos esperar em nosso Deus;
Vamos confiar naquele que nos amou,
E nos comprou com seu sangue.

O REFRIGÉRIO DE UM AVIVAMENTO

Espírito, agora derrete e move
Todo nosso coração com amor,
Sopra do alto em nós
Com o poder de outrora.

Vamos nos gloriar em teu poder,
Vamos cantar a graça maravilhosa;
Ao nosso meio, conforme prometeste,
Vem, ó vem, e toma teu lugar.

Humilha-nos em oração diante de ti,
E com fé inspira nossa alma,
Até que clamemos, pela fé, a promessa
Do Santo Espírito e do fogo.

15

AS RECOMPENSAS ETERNAS DA VIDA CRUCIFICADA

Como é bom e agradável quando os irmãos convivem em união!

Salmos 133.1

O valor de qualquer jornada sempre pode ser medido pelas dificuldades ao longo do caminho. Quanto mais difícil a jornada, mais satisfatório o destino. Tenho pensado na vida crucificada como uma jornada. Tem um começo, é claro, mas o fim nunca está deste lado da glória. Sou lembrado disso por um hino chamado "A mensagem real":

Sou forasteiro aqui; em terra estranha estou;
Celeste pátria, sim, anunciando vou.
Embaixador, por Deus, de reinos de além-céus,
Venho em serviço do meu Rei.

Não são muitos os cristãos que se consideram estrangeiros "em terra estranha". Mas é exatamente isso que somos se somos cristãos. Se começamos a jornada e estamos vivendo a vida crucificada, este mundo certamente não é o nosso lar. É por isso que nunca deveríamos estar muito confortáveis nesta vida.

Alguns foram mal informados sobre a vida cristã e a vida crucificada. Por algum motivo, eles pensam que é um

A Vida Crucificada

caminho fácil. Acreditam que Deus eliminará todos os problemas e dificuldades e que eles serão capazes de viver sem nenhum tipo de distração ou perturbação. Como qualquer um que tenha feito essa jornada sabe, não é o que acontece. Se a sua jornada não é atravancada de dificuldades, provações e fardos, você simplesmente pode estar no caminho errado.

É impossível ler a Bíblia e não ver que cada homem e cada mulher de Deus enfrentaram dificuldades e problemas extremos. A história da Igreja também está repleta de casos de lutas enfrentadas pelos cristãos, até maiores que os mártires da Igreja sofreram. Se a vida cristã é tão fácil como alguns acreditam, então por que toda essa história de lutas e dificuldades e martírios?

TIPOS DE DIFICULDADES

As dificuldades podem ser divididas em algumas categorias. Primeiro, as dificuldades podem ser uma distração. Por "distração", quero dizer que elas podem tirar-nos do curso principal. Voltando à fazenda na Pensilvânia, arávamos usando um cavalo. Para aquele cavalo não se distrair, precisávamos colocar antolhos nele.

As dificuldades que atravessam o nosso caminho podem distrair-nos do nosso verdadeiro propósito diante de Deus. Podemos ficar tão imersos nas nossas dificuldades que não vemos mais nada. Podemos esquecer a direção que estávamos seguindo. Se você estudar a história de Israel, descobrirá que toda a jornada desse povo foi cheia de distrações após distrações. Ele estava andando em certa direção, e então algo ocorria para distraí-lo e o empurrava para a esquerda ou a direita.

206

As recompensas eternas da vida crucificada

É claro que as dificuldades que atravessam o nosso caminho nos podem desanimar. Muitos têm dificuldade em acreditar que um cristão possa ficar desencorajado em algum momento. Quando um cristão tem dificuldades que o levam a ponto de desanimar, ele é tentado a acreditar que na realidade não nasceu de novo. A verdade é que as várias dificuldades que ele enfrenta têm o potencial de encobrir seu bom senso e anuviá-lo com uma boa dose de desânimo.

É triste ler ou ouvir de uma pessoa que começou bem, mas de algum modo se distraiu e morreu no caminho. O apóstolo Paulo lidou com isso entre os cristãos gálatas:

> Será que vocês são tão insensatos que, tendo começado pelo Espírito, querem agora se aperfeiçoar pelo esforço próprio? (Gálatas 3.3).

Os gálatas haviam começado bem, mas alguma coisa no caminho os havia distraído do propósito original, levando-os a um estado de desânimo. Eles começaram a sentir como se tivessem de lutar por si sós. É aí que nós também encontramos problemas. As dificuldades são um aspecto comum da vida. Mas deveríamos ser encorajados por aquilo que Paulo escreveu aos coríntios:

> Não sobreveio a vocês tentação que não fosse comum aos homens. E Deus é fiel; ele não permitirá que vocês sejam tentados além do que podem suportar. Mas, quando forem tentados, ele lhes providenciará um escape, para que o possam suportar (1Coríntios 10.13).

Penso, nesse mesmo sentido, que o valor de uma pessoa sempre pode ser medido pelo que ocorre quando ela está realmente enfrentando problemas. É certo que vamos enfrentar dificuldades e problemas. O caminho da vida crucificada traz muitos obstáculos, impedimentos e perigos. Assim, não é o fato de termos essas dificuldades, mas o que realmente determina a qualidade do nosso relacionamento com Deus é como lidamos com elas. Se desistimos, o que isso mostra a respeito da nossa confiança em Deus?

O EXEMPLO DO REI DAVI

Ninguém teve mais dificuldades e problemas que o rei Davi, conforme se registra no Antigo Testamento. Estou certo de que em algumas ocasiões ele mesmo criou dificuldades e problemas para si. Na maior parte dos casos, contudo, suas dificuldades e pesares foram causados pelo chamado de Deus em sua vida.

Davi reconta essas dificuldades no salmo 57. Esse salmo é extraordinário porque nos faz vislumbrar o coração desse homem. A qualidade da vida de Davi é percebida na maneira pela qual ele enfrentou sua dificuldade.

No salmo 57, Davi confessa a natureza angustiante de suas dificuldades. No versículo 1 ele as chama de "calamidades" (*Almeida Revista e Atualizada*). É sempre bom reconhecer o problema que está à sua frente. Quantas vezes as pessoas desconsideram um problema ou realmente não o veem bem diante delas? Nada é mais perigoso que estar diante de um problema ou dificuldade e não ter conhecimento disso.

Davi não desconsiderou suas "calamidades". Ele as reconheceu como eram de fato. Não tentou explicá-las, ignorá-las ou culpar alguém por elas. É isso o que fazemos com frequência quando experimentamos calamidades. Por algum motivo, acreditamos que, se pudermos culpar alguém por nossos problemas, os problemas desaparecerão. Isso simplesmente não acontece.

Não penso que havia um único osso covarde no corpo de Davi. Desde o momento em que enfrentou Golias até seu leito de morte, Davi nada temeu, exceto Deus. Imagine um adolescente em pé, com cinco pedras lisas na mão, diante de um dos maiores soldados de sua época. Golias era um gigante em muitos sentidos. Não era apenas grande, mas também uma máquina de combate. Acho que é seguro dizer que Golias nunca havia perdido uma batalha. A história de suas lutas era tremenda. Por isso os filisteus enviaram Golias para lutar com o exército de Israel. Sabiam do que ele era capaz.

Entretanto, Golias nunca tinha visto Davi. Golias acusou Davi de não saber o que estava fazendo. Acusou-o de não compreender o que realmente estava em jogo. Mas Davi disse a Golias que não lutaria com forças próprias, mas em nome de Javé, o Deus de Israel. Desde que Davi estivesse do lado de Deus, não havia nada que temer.

O embate de Davi com Golias estabeleceu um padrão para o restante de sua vida.

O LADO POSITIVO DAS DIFICULDADES

Há um lado positivo em encarar problemas e dificuldades severos. Podemos aprender muito quando os enfrentamos. Precisamos lembrar-nos, contudo, de que o inimigo que enfrentamos, aquele que nos ataca, pode discernir a nossa condição espiritual e usar isso contra nós. Essa é a estratégia do inimigo. Ele conhece os nossos pontos fracos e os ataca com toda malignidade do fogo do inferno. Mas eis o que o Diabo não sabe. O apóstolo Paulo nos mostra:

A Vida Crucificada

Por isso, por amor de Cristo, regozijo-me nas fraquezas, nos insultos, nas necessidades, nas perseguições, nas angústias. Pois, quando sou fraco é que sou forte (2Coríntios 12.10).

Os que estão na jornada da vida crucificada conhecem a dinâmica espiritual dessa declaração. É na nossa fraqueza que Deus se manifesta de maneira poderosa. O rei Davi sabia que sua força não estava em si mesmo, mas em Deus.

SOLUÇÕES FALSAS PARA AS NOSSAS DIFICULDADES

Assim como enfrentamos muitas dificuldades e problemas na nossa jornada, assim também encontramos muitas soluções. Livros aos montes nos oferecem soluções para uma ou outra das nossas dificuldades ou problemas. Em sua maioria, porém, esses livros ficam aquém do alvo.

Uma solução oferecida esses dias é amarrar o inimigo. Quando sentimos o inimigo atacar, precisamos firmar os pés e confrontá-lo. Isso é uma manifestação de machismo espiritual. Queremos mostrar ao criador de problemas, e a qualquer um que esteja nos observando, que não podemos ser enganados.

O único problema é que o Diabo nunca enfrentará você diretamente. E é melhor eu dizer: o Diabo não joga limpo. Ele usa regras forjadas por ele ao longo do caminho. Um cristão achar que consegue adivinhar as intenções do Diabo é, provavelmente, a ideia mais perigosa que se pode abrigar.

O Diabo adora quando o convidamos para a batalha. É para isso que ele vive. Ele sabe que não pode vencer, mas sabe também que pode causar algum dano no processo. Toda a agenda do inimigo pode ser resumida em um objetivo: atrapalhar

Deus por meio de seus filhos. O Diabo pensou que podia fazer isso com Jó no Antigo Testamento. Mas o que o Diabo não sabia era que Deus tinha controle absoluto de cada passo do caminho.

Outra solução que alguns cristãos tentam é usar as Escrituras para desafiar o inimigo. Mas o que esses cristãos não percebem é que o Diabo conhece as Escrituras melhor que alguns teólogos. O coração do Diabo não está cheio de dúvidas, mas de ódio e ciúmes. Seu ódio e seus ciúmes de Deus o cegam para a realidade do senhorio de Deus.

Para qualquer cristão, usar as Escrituras sem o Espírito é como entrar numa batalha com uma espada de papel. Não é só a palavra que fará o Diabo dar meia-volta; não, é a Palavra e o poder. O Diabo pode citar as Escrituras melhor que qualquer professor de seminário, mas, quando a Palavra está sob a direção do Espírito Santo, ela sempre atingirá seu alvo mortal.

A SOLUÇÃO DE DUAS PARTES PARA AS NOSSAS DIFICULDADES

Quando Daniel foi lançado na cova dos leões, nada fez para se defender. Ele não tentou prender o inimigo. Não tentou desafiar os inimigos citando as Escrituras. Simplesmente deixou a situação nas mãos de Deus. Isso me leva à solução de Davi para seus problemas. No salmo 57, Davi revela a única solução para dificuldades, problemas e calamidades. Essa solução possui duas partes.

Parte um: Refugie-se em Deus

Em Salmos 57.1, Davi diz: "Eu me refugiarei à sombra das tuas asas, até que passe o perigo" (Salmos 57.1). Em vez

A Vida Crucificada

de sair para lutar as próprias lutas, Davi se refugiou em Deus. Como ele deve ter sido tentado a mostrar sua força e seu poder ao inimigo! Mostrar ao inimigo que ele não era alguém com que se podia mexer deve ter sido uma grande tentação para um homem como Davi. Em vez de se envolver com o inimigo, porém, Davi refugiou-se na sombra das asas de Deus.

Que verdade bendita compreender que, em meio a todas as nossas dificuldades e calamidades, temos um refúgio. Certamente há momentos de entrar na batalha e envolver-se com o inimigo. Mas isso só deve acontecer sob as ordens diretas do Capitão da nossa salvação. O jovem Davi compreendeu isso quando deparou com Golias.

> "Todos os que estão aqui saberão que não é por espada ou por lança que o Senhor concede vitória; pois a batalha é do Senhor, e ele entregará todos vocês em nossas mãos." (1Samuel 17.47)

A batalha sempre é do Senhor.

Parte dois: Exalte Deus

O outro aspecto da solução de Davi encontra-se em Salmos 57.5. Davi se refugiou em Deus e, ao mesmo tempo, deu uma oportunidade para Deus ser exaltado. "Sê exaltado, ó Deus." Essa era a paixão de Davi. O único meio de Deus ser exaltado era Davi encontrar refúgio nele.

Davi não era oportunista. Ou seja, ele não buscava oportunidades de se exaltar acima do povo que liderava, nem mesmo de se exaltar acima de seus inimigos. Decerto, ao longo do caminho, ele havia tido muitas oportunidades para fazer isso.

Ainda que não fosse um homem perfeito, Davi tinha perfeita confiança em Deus, não em si mesmo. É aqui que arranjamos problemas. Certamente confiamos em Deus; mas por algum motivo confiamos em nós acima de Deus, só para o caso de Deus não dar conta do recado. Davi não era assim. Ele se colocava em tal posição que, se Deus não desse conta, tudo estaria perdido.

De novo, considere o exemplo de Davi e Golias. Você aprecia o grande risco assumido por Davi? Muitas vezes me pergunto por que o rei Saul permitiu que Davi fosse até lá enfrentar Golias daquela maneira. Se Davi tivesse falhado, Israel teria falhado. Toda a situação entre Israel e os filisteus se resumiu a um adolescente de nome Davi e suas cinco pedras lisas e uma funda. É difícil imaginar Davi em pé diante do gigante. Se Deus não desse conta, tudo estaria perdido para o garoto e para os israelitas.

A LINGUAGEM DO CÉU

O resumo é: Você está disposto a dizer "Ó Senhor, exalta-te acima de mim e de tudo o que sou — posses, amigos, confortos, prazeres, reputação, saúde e vida — tudo. Testa-me, Senhor, e vê se eu realmente consigo deixar tudo em tuas mãos. Coloca minha vida na linha, para que eu não seja totalmente eu, mas totalmente teu, conhecendo a verdade de que posso refugiar--me em ti".

Se você chegou até aqui, sugiro mais um passo em sua oração: "Ó Senhor, dispara uma cadeia de circunstâncias que me leve ao lugar em que eu possa dizer sinceramente: 'Sê exaltado acima dos céus'".

Você já se perguntou que linguagem se fala no céu? É isso. Essa é a linguagem do céu. Eles virão do norte, do sul, do leste e do oeste. Virão de países que falam alemão, espanhol, grego e sírio. Virão de todo o mundo e nunca terão de se sentar e se submeter ao processo de aprender uma nova língua. No Reino de Deus todos falarão a mesma língua, cuja tônica será: "Digno é o Cordeiro que foi morto de receber a glória, a honra e o poder" (v. Apocalipse 4.11). Você conhecerá a linguagem do céu quando chegar lá sem ter de estudá-la — e você não falará com sotaque.

O alvo da vida crucificada é deixar-se colocar numa posição tal em que Deus é exaltado. Quando você permitir que Deus seja exaltado nas suas dificuldades, estará na condição perfeita para aspirar a doce fragrância da presença dele.

Saudai o nome de Jesus
Edward Perronet (1726-1792)

Saudai o nome de Jesus,
Arcanjos vos prostrai.
O Filho do glorioso Deus,
Com glória coroai.
O Filho do glorioso Deus,
Com glória coroai.

Ó escolhida geração
Do bom, eterno Pai,
O grande autor da salvação,
Com glória coroai.
O grande autor da salvação,
Com glória coroai.

Ó perdoados por Jesus,
Alegres adorai.

AS RECOMPENSAS ETERNAS DA VIDA CRUCIFICADA

O Deus de paz, o Deus de luz,
Com glória coroai.
O Deus de paz, o Deus de luz,
Com glória coroai.

Ó tribos, raças e nações,
Ao Rei divino honrai.
A quem quebrou os vis grilhões,
Com glória coroai.
A quem quebrou os vis grilhões,
Com glória coroai.

16

GUIAS ESPIRITUAIS PARA A JORNADA

Então eu lhes darei governantes conforme a minha vontade,
que os dirigirão com sabedoria e com entendimento.

JEREMIAS 3.15

O caminho da vida crucificada pode ser precário, tornando indispensável um guia espiritual. Mas é importante ter um guia que compreenda suficientemente o caminho e possa dar instruções claras sobre como viver a vida crucificada. A igreja não carece de pessoas que deem conselhos. Carece, porém, de guias espirituais com a sabedoria necessária para navegar numa vida tão precária. A questão a considerar é: Como reconhecer um verdadeiro guia espiritual?

É crucial estarmos alertas para os falsos guias. Para cada guia verdadeiro, há uma multidão de falsos guias. O uso de falsos guias é uma estratégia popular do inimigo para destruir a obra de Deus na vida de uma pessoa. Alguns guias são obviamente falsos e é fácil reconhecê-los como tais porque os ensinos deles estão completamente fora dos eixos. O que me preocupa, entretanto, são aqueles falsos guias que estão perto da verdade.

Uma das primeiras coisas que deve chamar a nossa atenção acerca de um guia potencial é o uso que ele faz das Escrituras.

O guia espiritual mais perigoso é a pessoa 95% fiel às Escrituras. Lembre-se: não é a verdade que o machuca; é o mal. Os 95% de verdade são vencidos pelo mal. Isso nosso arqui-inimigo sabe muito bem.

O verdadeiro guia espiritual acolhe todas as Escrituras, enquanto o falso guia evitará certas passagens. Isso é algo que só o cristão bem informado pode reconhecer plenamente. Infelizmente, o problema hoje é que muitos cristãos não são versados nos ensinos das Escrituras.

Outro sinal é o uso de materiais extrabíblicos. Muitos desses falsos guias começam com alguma passagem bíblica e gradualmente passam para materiais extrabíblicos. Pode ser um livro ou série de ensaios ou alguma poesia. Não importa o que seja. Tudo deve ser provado pela Palavra de Deus, que é a autoridade final para o cristão. O lugar da Bíblia no ensino deve indicar-nos a genuinidade de um guia espiritual.

Mais um sinal de guias espirituais falsos é sua ênfase indevida em si mesmos. Quando o ensino sempre focaliza o professor, é indício de que algo está errado. O verdadeiro guia espiritual concentrará todo o ensino em Jesus Cristo e só no Cristo da Bíblia.

GUIAS ESPIRITUAIS VERDADEIROS

A maioria dos guias espirituais verdadeiros corresponde ao que costumo chamar de "místicos evangélicos". Sei que a terminologia não é aceitável em muitos círculos cristãos; então deixe-me explicar o que quero dizer. Por "místico evangélico" quero dizer alguém que tem os pés firmes e irrevogavelmente plantados nas Escrituras. Essa é a primeira qualificação absoluta dos guias espirituais verdadeiros. Eles aceitaram as

Escrituras como sua única regra de fé e prática e depositaram sua fé e confiança no Senhor Jesus Cristo da Bíblia. Não preciso de nenhuma suposição misturada a especulações inconsistentes. Quero saber que o meu guia espiritual tem compromisso com a Palavra de Deus.

Eles diagnosticam a vida espiritual interior

Há vários outros aspectos importantes nesses guias espirituais. Primeiro, os guias espirituais verdadeiros são o que eu chamaria de cirurgiões da alma que possuem o poder de diagnosticar a vida espiritual interior. Viajando pelas trilhas da vida crucificada, certamente necessitamos de um médico da alma que possa discernir com habilidade os problemas do nosso coração. O diagnóstico espiritual é muito valioso para a manutenção de uma saúde espiritual sólida. Uma coisa é diagnosticar um problema; outra, totalmente diferente, é prescrever um remédio baseado nas Escrituras, não na sabedoria do mundo.

A sabedoria deste mundo não tem nada a oferecer para o clamor interior da alma apaixonada por Deus. Toda terapia do sentir-se bem não consegue tocar de maneira alguma as profundezas da alma. Precisamos de um guia espiritual que conheça Deus, domine a Palavra de Deus e compreenda a natureza humana.

Eles praticam a vida interior

Os guias espirituais efetivos serão apóstolos da vida interior sem jamais serem meramente introspectivos. Eles sondam as profundezas da alma a fim de poderem voltar os olhos interiores para fora, concentrando-se na pessoa de Cristo. O alvo deles é elevar a alma até a maravilha que é Deus.

Eles exalam uma espiritualidade renovada

O que torna esses guias espirituais tão reconfortantes é sua originalidade espiritual. Ao ler algumas de suas obras, você captará um senso de frescor do orvalho da presença de Deus. Eles não escrevem só uma coleção de termos para produzir cópias, mas palavras poderosas que produzem no coração do homem que anseia por Deus uma fragrância da presença divina. Ao ler essas obras, temos a sensação de que estamos encontrando as palavras de um verdadeiro profeta, alguém que sabe o que fala.

Estamos muito acostumados nestes dias a ler livros escritos por autores que copiaram livros dos outros *ad nauseam*. Esses livros têm o cheiro mofado da repetição impensada e do fracasso espiritual. Quando chegamos à literatura desses guias espirituais, logo sentimos a diferença. Neles não há repetição da ideologia religiosa, mas uma revelação sagrada do coração e da mente de Deus baseada nas Sagradas Escrituras.

Eles experimentam as mesmas dificuldades que nós experimentamos

O que torna tão genuínos os guias espirituais verdadeiros é o fato de que eles vivem uma vida real e enfrentam dificuldades reais. Muitos foram mártires pela causa de Cristo e deixaram provas de sua incrível devoção a Deus. Eles sabiam o que significa passar necessidade pela causa de Cristo. Não viviam em torres de marfim, abrigados das dificuldades e amarguras da oposição do mundo à verdadeira espiritualidade. Muitos deles se viram no exílio por causa do compromisso com a vida profunda. Seus caminhos não foram fáceis e forrados de rosas, mas havia a fragrância da presença de Deus, o que, para eles, fazia toda a diferença.

Eles se dedicam exclusivamente a Deus

Os verdadeiros guias espirituais são homens e mulheres dedicados exclusivamente a Deus. A vida deles não depende da razão, da imaginação ou do sentimento humano. Eles também não estão empenhados em falar com eloquência sobre as coisas divinas e em vomitar pensamentos brilhantes acerca de Deus, coisas bem distantes do cristão mediano. Eles descobriram a simplicidade da comunhão e da solidão com Deus.

Eles odeiam o mal

A marca de devoção que esses homens e essas mulheres têm é um horror comum em relação ao mal e ao pecado. Nada instila a ira deles como o mal ao redor, especialmente o mal na igreja. Nada instiga mais a imaginação deles que os pensamentos de Deus e seu reino interior. Eles cultivam dentro de si um hábito perpétuo de ouvir a doce voz interior de sua presença. Dessas experiências interiores brota uma determinação radical de obedecer àquela voz, independentemente do preço.

A LITERATURA DOS GUIAS ESPIRITUAIS DO PASSADO

A literatura desses místicos e guias espirituais evangélicos concentra-se no adorador, não no aluno. Tudo é preparado para os enamorados por Deus que o buscam acima de todas as outras coisas e desdenham as coisas deste mundo.

A poesia desses místicos evangélicos voa para os céus acima com alegria encantadora e deliciosa harmonia com o divino. Ler a poesia desses guias espirituais é experimentar a paixão que eles tinham por Deus. Com frequência, após ler tais poesias, baixo o livro e suspiro profundamente no coração,

A Vida Crucificada

satisfeito com a maravilhosa verdade de que o escritor conseguiu expressar os meus sentimentos mais profundos por Deus numa linguagem muito melhor do que eu seria capaz de fazer.

Seja lendo um livro de ensaios, seja de poemas, é preciso ter em mente que não se pretendia que aquilo fosse usado em público. Essas obras deviam ser lidas na privacidade do culto pessoal. Rodeado pela solitude da maravilha que é adorar, esses autores elevam o nosso coração em alegre antecipação da presença manifesta de Deus.

Depois de dizer isso tudo, porém, preciso estabelecer algumas linhas para orientar a leitura de alguns desses grandes livros de devoção espiritual. Nunca se aproxime desses livros como você chegaria a outro tipo de literatura. São muitas as pessoas que, na pressa de terminar a leitura, deixam escapar a quietude de experimentar a presença de Deus. Alguns desses livros o levarão espiritualmente a lugares em que você nunca esteve.

Chegue com o espírito sedento

A primeira coisa que devemos ter em mente quando lemos um desses clássicos devocionais cristãos é chegar com o espírito sedento. Os que possuem forte senso de curiosidade não precisam ler esses livros. Não haverá nada para saciar sua curiosidade. Esses clássicos exigem que o leitor chegue com um forte desejo de conhecer Deus. Sem esse forte desejo, o leitor logo se cansará e ficará entediado com o livro. Nada aqui serve para o coração leviano. Nada aqui serve para entreter o cristão maduro. Tudo instila um desejo insaciável de conhecer Deus na plenitude de sua revelação. Feito isso, toda a vida interior será despertada e enriquecida pela verdade.

Chegue depois de orar e meditar nas Escrituras

Outra recomendação está na área da oração. Só chegue a esses livros depois de um tempo significativo em oração e meditação nas Escrituras. Qualquer um que chegue despreparado e apressado deixará escapar todo intento desses livros. Se o nosso coração não estiver pronto para receber, nosso tempo nesses livros não será bem empregado.

Esse é um dos principais elementos errados na igreja cristã de hoje. Na pressa de acompanhar a cultura à nossa volta, reservamos pouco tempo para esperar quietos diante de Deus e meditar em sua Palavra. O leitor que prepara o coração e a mente experimentará nesses clássicos panoramas da gloriosa revelação de Deus.

Tenha uma atitude devocional

Outra coisa diz respeito à nossa atitude. É muito difícil encontrar tempo, muito menos intenção, de esperar diante do Senhor em quietude. Quando chegamos a um desses grandes clássicos espirituais, porém, precisamos adotar uma atitude de devoção. Isso é difícil para nós, ocidentais. Corremos daqui para lá com uma energia que não pode durar para sempre. Então entramos em colapso, exaustos pelo cansaço acumulado.

Para aproveitar esses livros ao máximo, é importante aprender a desenvolver as disciplinas do silêncio e da meditação. O mundo está muito entranhado em nós. Precisamos aprender a nos livrar dele e entrar dignamente na presença do Deus onipotente. Creio que a nossa humildade no silêncio diante de Deus criará dentro de nós um verdadeiro espírito de expectativa daquilo que realmente esperamos que Deus faça no livro e por meio do livro que temos diante de nós. É por isso que eu disse antes que esses livros não são para leitura pública. São para alguém ficar só e ler em silêncio, devagar e em meditação. Fugir de toda distração ajudará a desenvolver a disciplina da concentração nas coisas de Deus.

Renda-se e consagre-se

Antes de começar a ler um desses clássicos, é importante certificar-se de que você se rendeu e se consagrou a Deus. Os guias espirituais começam onde os outros terminam. A pressuposição, da perspectiva deles, é que você está pronto para se embrenhar nas profundezas de Deus, que você já está começando a viver a vida crucificada. Assim, antes de começar a ler, gaste um tempo a sós com Deus e deixe seu coração numa posição tão submissa e obediente que Deus possa começar a falar com você por meio das vozes desses guias espirituais.

Se na sua vida há grandes áreas que ainda não se renderam a Cristo, a leitura desses livros pouco beneficiará você. Faça a renúncia. Todas essas obras têm o propósito de ajudar o peregrino ao longo do caminho, mas você precisa já ter entrado no caminho correto.

Seja sincero

Outro aspecto importante é chegar com um senso de sinceridade. Esses autores entendem que os leitores são sérios. Eles não estão escrevendo para satisfazer a curiosidade daqueles que não têm intenção sincera de colocar em prática o ensino. Esses livros são para a alma daqueles que têm sede de Deus — e só de Deus. Os livros não vão entreter você. Nenhum deles foi escrito com o propósito de entreter ou divertir.

Já li muitos desses livros e nunca considerei nenhum deles divertido. Cada um me levou mais fundo ou mais alto na presença de Deus, e o caminho não é fácil. Não é para covardes. Pelo contrário, é para os que querem conhecer Deus e não se importam com o preço. Não há "diversão" nesses livros, mas você pode estar certo de que haverá muita glória para os que buscam seus ensinos com sinceridade.

Leia devagar

É preciso estabelecer aqui outro ponto. É altamente recomendável que você nunca leia mais de um capítulo por dia. É impossível entrar correndo nesses livros e receber todo o benefício que eles possuem. Desacelere, medite longamente e com seriedade em todo e qualquer capítulo, parágrafo, sentença e, sim, até palavra. É preciso estudar, meditar, marcar, orar e ler esses livros enquanto eles continuarem ministrando à alma.

Forme uma biblioteca

Na literatura cristã, há livros que podem ser lidos só uma vez e depois esquecidos. *Sir* Francis Bacon escreveu: "Alguns livros devem ser provados, outros, sorvidos, e alguns poucos devem ser mastigados e digeridos: ou seja, alguns livros devem ser lidos só em partes, outros devem ser lidos, mas não por curiosidade, e alguns poucos devem ser lidos totalmente e com grande diligência e atenção". Os grandes clássicos cristãos se enquadram nesta última categoria.

Recomendo enfaticamente que você forme uma biblioteca desses livros que devem ser lidos e ruminados pelo resto da sua vida. Parece-me altamente improvável que alguém algum dia domine a riqueza encontrada nesses volumes.

A jornada é dura. O caminho que precisamos trilhar é repleto de perigos e afligido por dificuldades. Só um guia fidedigno pode ajudar-nos ao longo do caminho e permitir-nos viver a vida crucificada com grande vitória.

Escondido em ti
William O. Cushing

Ah, seguro para a Rocha mais elevada que eu,
Minha alma em seus conflitos e dores voaria;
Tão pecador, tão cansado, teu, teu eu seria;
Bendita Rocha eterna, escondido estou em ti.

Escondido em ti, escondido em ti,
Bendita Rocha eterna,
Escondido estou em ti.

Na calma do meio-dia, na hora solitária da dor,
Quando a tentação lança sobre mim seu poder;
Nas tempestades da vida, no mar amplo e agitado,
Bendita Rocha Eterna, escondido estou em ti.

Quantas vezes no conflito, pressionado pelo inimigo,
Tenho voado para meu refúgio e expressado minha angústia;
Quantas vezes, quando as provações rolam
como as ondas do mar,
Tenho me escondido em ti, ó Rocha da minha alma.

Conclusão

O PROPÓSITO DO FOGO DO OURIVES NA VIDA CRUCIFICADA

"Se formos atirados na fornalha em chamas, o Deus a quem prestamos culto pode livrar-nos, e ele nos livrará das tuas mãos, ó rei. Mas, se ele não nos livrar, saiba, ó rei, que não prestaremos culto aos teus deuses nem adoraremos a imagem de ouro que mandaste erguer."

Daniel 3.17,18

Deus tem em seu arsenal um número infinito de instrumentos que emprega com critérios próprios para cumprir seu perfeito propósito na nossa vida. É claro que a pergunta que deve prevalecer é: Qual o propósito de Deus na nossa vida? A resposta a essa única pergunta abrirá todo um mundo de entendimento a respeito do que Deus está fazendo nas nossas circunstâncias.

Alguns têm a ideia de que o propósito de Deus é tornar a nossa vida mais tolerável aqui na terra. Isso barateia o que Cristo fez na cruz. Se tudo o que ele queria fazer era tornar a nossa vida tolerável, podia tê-lo feito numa variedade de outros meios. O propósito supremo de Deus para nós é nos tornar como seu Filho, Jesus Cristo. Se compreendermos que tudo o que nos acontece é para nos tornar mais parecidos com Cristo, isso resolverá grande parte da nossa ansiedade.

Se, por outro lado, temos a ideia de que o propósito de Deus é tornar esta vida um céu na terra, então Deus tem uma porção de explicações a dar. Não está funcionando. A trilha é dura, e o caminho está cheio de todos os tipos de distrações e distúrbios.

Em todo o livro, venho referindo-me à cruz como um instrumento para cumprir o propósito de Deus, seu propósito máximo na nossa vida. Agora quero referir-me a outro instrumento que segue junto com este: o fogo do Ourives. Deixe-me destacar a diferença entre eles. A cruz diz respeito à nossa vida pessoal: colocar o eu na cruz e crucificá-lo absolutamente sob Cristo. Mas o fogo do Ourives tem outra abordagem. O propósito do fogo do Ourives é queimar toda escravidão que nos é imposta pelo mundo.

Quando falo acerca do "mundo", não me refiro a montanhas e vales, campos e florestas. Estou falando sobre o espírito deste mundo que é diametralmente oposto a tudo o que Deus representa. O espírito deste mundo é supervisionado por ninguém mais que o inimigo da nossa alma, Satanás em pessoa, a quem as Escrituras se referem como "o príncipe do poder do ar" (Efésios 2.2). O apóstolo Paulo também se refere a ele como o deus deste mundo:

> O deus desta era cegou o entendimento dos descrentes, para que não vejam a luz do evangelho da glória de Cristo, que é a imagem de Deus (2Coríntios 4.4).

Assim como Deus Pai não livrou seu Filho das dores e sofrimentos da cruz, também não nos livrará de nenhuma dor para nos levar à posição máxima de semelhança com Cristo. Como declara o autor de Hebreus:

O PROPÓSITO DO FOGO DO OURIVES NA VIDA CRUCIFICADA

"... pois o Senhor disciplina a quem ama, e castiga todo aquele a quem aceita como filho".

Suportem as dificuldades, recebendo-as como disciplina; Deus os trata como filhos. Ora, qual o filho que não é disciplinado por seu pai? (Hebreus 12.6-7).

Uma leitura casual das Escrituras levará à conclusão de que Deus nunca entra na rotina. Em geral, ele raramente se repete. Só havia um Daniel na cova dos leões; só uma vez três filhos hebreus foram lançados na fornalha acesa; e Deus só apareceu uma vez numa sarça ardente para um homem. Deus, em sua infinita sabedoria e por critérios completamente próprios, lida com seu povo para levá-lo ao lugar por ele atribuído.

O fogo do Ourives é simplesmente um instrumento pelo qual Deus cumpre seus propósitos na nossa vida. Jamais devemos adorar o fogo. Lembre-se de que Israel caiu na idolatria cultuando a serpente de bronze que deteve o anjo da morte. A serpente de bronze existiu apenas para lembrá-los do que Deus havia feito, mas eles ficaram mais enamorados pelo objeto do que pelo Deus por trás do objeto. Precisamos permitir que Deus use qualquer instrumento ou ferramenta para cumprir seu propósito. De novo, esse propósito é nos levar a um ponto de absoluta semelhança com Cristo, uma vez que é por meio do Filho que Deus é glorificado.

Compreender Deus e sua natureza é compreender que nada impuro pode permanecer diante dele. Assim, ao lidar conosco como filhos e filhas, precisamos corresponder a seus padrões de pureza. Nada impuro, nada deste mundo, nada contrário à natureza e ao caráter de Deus pode restar na nossa vida.

A VIDA CRUCIFICADA

Alguns aspectos da nossa vida são tão resistentes à graça de Deus que necessitam de fogo para serem completamente consumidos.

EXIGÊNCIAS DA VIDA CRUCIFICADA

Em Daniel 3 lemos a história do rei babilônio Nabucodonosor que mandou fazer uma imagem de ouro e ordenou que todas as pessoas de seu reino se curvassem e a adorassem. Quando Sadraque, Mesaque e Abede-Nego — homens que serviam ao Senhor — recusaram curvar-se à imagem, o rei mandou jogá-los numa fornalha acesa. As ações desses três filhos dos hebreus revelam alguns aspectos cruciais na vida crucificada.

Obediência

Primeiro, Sadraque, Mesaque e Abede-Nego foram obedientes ao Senhor. A obediência é um componente básico da vida cristã. Observe que a obediência deles não exigia que soubessem o motivo do que acontecia com eles, nem exigia que Deus fizesse tudo de acordo com o entendimento deles. Tenho certeza de que eles não tinham ideia do motivo pelo qual tudo aquilo repentinamente lhes sobreviera. Eles tinham sido bons servos de Nabucodonosor, e este os havia honrado com posições de autoridade. Agora tudo parecia estar contra eles.

Ao pensar nessa história, tenha em mente que, para começar, a obediência deles a Deus é o que os colocou no problema. Foi a porta da fornalha. Como mencionei anteriormente, em algum momento os cristãos desenvolveram a ideia de que, se obedecerem a Deus, isso os manterá livres de problemas. Mas esse não é o propósito da obediência. Ao observar a vida de homens e mulheres do Antigo e do Novo Testamentos, e até ao longo da história da Igreja, descobrimos que foi justamente a obediência que muitas vezes os colocou em dificuldades.

Já me referi a Dietrich Bonhoeffer. Sua obediência o enviou diretamente à forca. Ele podia ter escapado, mas isso comprometeria seu relacionamento com Deus, coisa que ele jamais cogitou fazer. A verdadeira obediência é a recusa em comprometer de modo algum o nosso relacionamento com Deus, sem medir as consequências.

Tenha em mente que o deus deste mundo não se importa que você creia em Deus. "Você crê que existe um só Deus? Muito bem! Até mesmo os demônios creem — e tremem!" (Tiago 2.19). O Diabo crê em Deus, de modo que você está no mesmo barco que ele. O Diabo não se importa que você culte a Deus, desde que também culte os deuses deste mundo. Enquanto você acreditar em Deus como milhões acreditam hoje e não fizer dele a prioridade número 1 na sua vida, o Diabo não terá problemas com você. A igreja evangélica hoje está seguindo o curso do movimento liberal e entrando pela mesma trilha das concessões. Uma concessão aqui, outra ali, e logo sobra bem pouca diferença, se sobrar alguma, entre o chamado cristão e o homem do mundo.

A verdadeira obediência, conforme ilustrada na história dos três filhos dos hebreus, sempre nos leva a um ponto sem volta. É aí que entra a fé. Não precisamos compreender o que está acontecendo para obedecermos a Deus. Não precisamos saber o resultado para obedecermos a Deus. Essa obediência nos leva a um ponto de decisão pessoal em que não precisamos ser livrados do nosso problema.

Obediência é reconhecer a soberania e a autoridade de Deus e submeter-se a ele sem questionar e sem considerar as consequências. Vemos essa completa obediência quando Sadraque, Mesaque e Abede-Nego disseram: "Se formos atirados na fornalha em chamas, o Deus a quem prestamos culto pode livrar-nos [...]. Mas, se ele não nos livrar, saiba, ó rei, que não prestaremos culto aos teus deuses nem adoraremos a imagem de ouro que mandaste erguer" (Daniel 3.17,18). A obediência deles não exigia que Deus os resgatasse de uma dificuldade. Eles sabiam que Deus podia resgatá-los, mas, se não o fizesse, isso não influiria na absoluta obediência deles a Deus.

Rendição

A obediência absoluta dos três filhos dos hebreus a Deus colocou-os num lugar de absoluta rendição às circunstâncias. Não gostamos de falar disso. Queremos falar de Deus livrando-nos de dificuldades para podermos dizer: "Glória a Deus, ele me livrou". Rendição, porém, não é nada disso.

A essência da rendição é sair do caminho para que Deus possa fazer o que quer. É muito comum estarmos numa posição em que Deus não pode fazer sua obra. Então ficamos à espera, perguntando por que nada acontece. Nada acontece porque estamos obstinados diante de Deus, recusando-nos a nos render à situação que se apresenta.

Nabucodonosor foi bondoso o suficiente para dar aos três uma oportunidade de reconsiderar sua posição. Afinal, a filosofia do mundo é que você precisa ceder um pouco para avançar um pouco. Ele tentou facilitar a vida dos três. Naturalmente, eles estavam numa posição em que a lealdade a Nabucodonosor contribuiria muito para o livramento do povo de Israel. Aquilo só lhes custaria uma ou outra concessão. É assim que o mundo funciona, mas não é como funciona o Reino de Deus.

O PROPÓSITO DO FOGO DO OURIVES NA VIDA CRUCIFICADA

Uma coisa que os três compreendiam era quem é o governante supremo neste mundo. Nabucodonosor se considerava poderosíssimo, mas não representava nenhuma ameaça àqueles judeus fiéis e leais só a Deus. Alguns nos fariam acreditar que, rendendo-nos a uma situação, estamos exercendo um ato de covardia. A única pessoa que aceitaria essa filosofia é a que não conhece os caminhos de Deus. Embora seja verdade que há momentos em que precisamos colocar-nos contra certa situação ou problema — quando repudiar a situação é a ordem do dia —, nunca devemos confundir isso com uma oportunidade de nos rendermos de maneira que saímos do meio do caminho de Deus e permitimos que ele faça em nós o que quer fazer por nosso intermédio.

A fornalha representava o pior que o mundo podia fazer. De fato, Nabucodonosor estava tão irado com aqueles judeus que ordenou que a fornalha fosse aquecida sete vezes mais. Quando Sadraque, Mesaque e Abede-Nego se renderam às chamas daquela fornalha, estavam entrando na arena de Deus.

Observo com grande satisfação que os homens de Nabucodonosor, cuja função era lançar aqueles judeus na fornalha acesa, foram os únicos consumidos por aquele fogo. Aliás, as únicas coisas que as chamas consumiram foram os homens de Nabucodonosor e as amarras dos filhos dos hebreus. Aquilo que era do mundo, Nabucodonosor e as amarras, foi absolutamente consumido pelas chamas daquela fornalha. Mas nada de Deus sofreu danos.

> Os sátrapas, os prefeitos, os governadores e os conselheiros do rei se ajuntaram em torno deles e comprovaram que o fogo não tinha ferido o corpo deles. Nem um só fio do cabelo tinha sido chamuscado, os seus mantos não estavam queimados, e não havia cheiro de fogo neles. (Daniel 3.27)

A Vida Crucificada

Não vejo por que o mundo representa alguma atração para alguém. Qualquer um que possa ler alguma coisa de história compreenderá que o mundo sempre destrói os seus. Josué compreendeu isso quando disse aos israelitas: "Se, porém, não lhes agrada servir ao Senhor, escolham hoje a quem irão servir, se aos deuses que os seus antepassados serviram além do Eufrates, ou aos deuses dos amorreus, em cuja terra vocês estão vivendo. Mas, eu e a minha família serviremos ao Senhor" (Josué 24.15). Se vocês querem seguir o deus deste mundo, disse Josué, então prossigam. Mas, como testificou com grande confiança, ele e sua casa serviriam ao Senhor. Ele compreendeu que o mundo sempre se volta contra os próprios filhos.

Os homens de Nabucodonosor foram destruídos porque os três filhos dos hebreus obedeceram a Deus e se renderam à fornalha. De que maneira você derrotaria homens desse tipo? Como forçá-los à submissão? A chama não lhes causou dano algum. Aquilo foi assombroso no que diz respeito a Nabucodonosor. Aquilo que fora preparado para destruir os homens de Deus havia saído pela culatra, destruindo apenas seus homens.

Se ao menos conseguíssemos entender isso. Se ao menos pudéssemos realmente acreditar que Deus possui uma agenda neste mundo e que fazemos parte dessa agenda. Ainda que as circunstâncias da nossa vida sejam oportunidades para Deus derrotar o mundo, a única coisa que atrapalha no meio do caminho é o cristão hesitante exigindo que Deus o livre de todos os problemas. Mas o problema é justamente o que permite que Deus receba a glória.

A mesma chama que consumiu o mundo natural e a escravidão imposta pelo mundo sobre os cristãos é a chama que purifica o cristão. A chama queima as impurezas e leva o ouro a um estado de purificação. Quanto mais intensa a chama, tanto mais puro o ouro.

Revelação

Assim, se desejamos viver a vida crucificada, precisamos submeter-nos completamente em obediência ao Senhor e render a nossa vida à autoridade divina para que ele possa fazer sua obra. Quando saímos do meio do caminho de Deus, ele tem a oportunidade de revelar-se a nós e ao mundo ao redor de um modo ímpar. Com frequência, o único meio de o mundo conseguir ver Cristo é pela revelação trazida pela experiência do cristão no fogo do Ourives.

Depois que Sadraque, Mesaque e Abede-Nego foram lançados nas chamas, Nabucodonosor olhou dentro da fornalha e viu algo que jamais esperava ver. Ele pensava que aquelas chamas que mandara acender consumiriam os homens. Em vez disso, não só os viu vivos e ilesos, como também viu um quarto homem na fornalha.

> Mas, logo depois o rei Nabucodonosor, alarmado, levantou-se e perguntou aos seus conselheiros: "Não foram três homens amarrados que nós atiramos no fogo?"
>
> Eles responderam: "Sim, ó rei".
>
> E o rei exclamou: "Olhem! Estou vendo quatro homens, desamarrados e ilesos, andando pelo fogo, e o quarto se parece com um filho dos deuses" (Daniel 3.24,25).

Ei, vejam aquele quarto homem no fogo! Essa é a revelação de Deus. O que é preciso para experimentar Deus desse jeito? É preciso uma fornalha. É preciso obediência a Deus e submissão a ele em absoluta rendição. Isso é tudo.

A ALEGRIA DA PRESENÇA DE DEUS

O fogo na fornalha revela Cristo no meio de seu povo, participando de sua comunhão. O fogo da fornalha de Nabucodonosor não anulou a fragrância da presença de Deus. Imagine a alegria daqueles homens nas chamas. Não há alegria comparável à de estar num lugar em que Deus inclui você numa doce comunhão. Nunca num mercado. Nunca no cume de um monte. Lembre-se de Pedro no monte da Transfiguração. Ele queria levantar duas tendas, esquecer o resto do mundo e desfrutar da comunhão com Deus. Mas o valor da experiência no cume do monte é revelado no vale, lá embaixo, que precisamos trilhar.

A revelação de Deus é o fruto da chama. Quantas vezes deixamos escapar a fragrância da presença de Deus porque resistimos à fornalha, à tribulação e ao sofrimento diante de nós? Temos tudo preparado. Lemos um par de versículos das Escrituras e dizemos: "Eu creio". Isso resolve. Pensamos que então podemos seguir felizes pelo caminho rumo ao céu, assobiando: "When the Saints Come Marching In" [Quando os santos entrarem marchando]. Queremos ser mimados no nosso caminho para o céu e ter uma vida tranquila. Queremos ter certeza de que iremos para o céu quando morrermos, mas por enquanto queremos desfrutar dos prazeres do mundo.

Não há revelação divina quando se segue essa trilha. Não há experiência da fragrância da presença de Deus. Não se queimam as amarras que o mundo nos impôs, impedindo-nos de seguirmos o nosso Senhor. Sim, andamos pela fé. Mas há alguns momentos gloriosos em que Deus se revela a nós. Eu digo a você: essa terra é santa. Essa é uma área de santidade que não se compara a nada mais neste lado da glória.

236

Tenha em mente que Deus reserva uma visão para nós além da fornalha. O fogo cumpre seu propósito, queimando as amarras do mundo e purificando o nosso relacionamento com Deus, e então seguimos adiante. Sadraque, Mesaque e Abede-Nego saíram daquela fornalha. Imagine o testemunho que devem ter tido para o resto da vida. Eles certamente eram criaturas tiradas do fogo. Eram homens de Deus que haviam encontrado Deus de modo maravilhoso e glorioso, sem comparação com tudo mais na vida deles. Eles foram considerados dignos de sofrerem por Cristo.

Se quisermos de algum modo ver Deus na plenitude de sua manifestação, precisamos ser como esses homens. Precisamos obedecer ao Senhor irrestritamente e nos render de tal maneira que ele possa colocar-nos onde quer colocar-nos para nos mostrar o que ele quer mostrar-nos. E o que ele fará para nós também fará por meio de nós para confundir a sabedoria do mundo, que não consegue decifrar quem somos.

Os instrumentos divinos mais delicados são reservados para seus filhos especiais. Para o cristão na trilha da vida crucificada, Deus introduzirá nessa trilha a fornalha acesa, o fogo do Ourives, e mostrará a esse cristão quanto realmente o ama.

Nada entre minha alma e o Salvador
Charles Albert Tindley (1851-1933)

Nada entre minha alma e o Salvador,
Nada dos sonhos ilusórios deste mundo;
Renunciei a todo prazer pecaminoso;
Jesus é meu, não há impedimento algum.

A VIDA CRUCIFICADA

Nada entre minha alma e o Salvador,
Para que sua face bendita possa ser vista;
Nada impedindo seu mínimo favor,
Mantenha-se aberto o caminho! Que não haja impedimento
algum.

Nenhum impedimento, como o prazer mundano;
Hábitos de vida, por mais inócuos que pareçam,
Não devem dele meu coração afastar;
Ele é meu tudo, não há impedimento algum.

Nenhum impedimento, como orgulho ou posição;
Vida pessoal ou amigos não hão de interferir;
Ainda que me possa custar grande tribulação.
Estou resolvido; não há impedimento algum.

Nenhum impedimento, ainda que muitas duras provações,
Ainda que o mundo inteiro contra mim se reúna;
Vigiando em oração e muita abnegação,
Triunfarei por fim, sem impedimento algum.